짧지만 강렬한 감성 위인전

세계장애인물사

짧지만 강렬한 감성 위인전

세계장애인물사

방귀희 엮음

초판 1쇄 발행 ┃ 2015년 08월 10일

펴낸이 ┃ 방귀희
펴낸곳 ┃ 도서출판 솟대
등   록 ┃ 1991. 4. 29
주   소 ┃ 서울시 금천구 서부샛길 606, 대성지식산업센터 b-1502
전   화 ┃ 02-861-8848
팩   스 ┃ 02-861-8849
홈주소 ┃ www.emiji.net
이메일 ┃ klah1990@daum.net

제작 판매 ┃ 연인M&B 전화 02-455-3987

값 20,000원

ISBN 978-89-85863-50-6 03900

주최: ㅈㅇㅊ▒▒ (사)한국장애인문화예술단체총연합회
주관: 2015장애인문화예술축제조직위원회
     (사)한국장애예술인협회
     Korea Disabled Artist Association
후원: ▒▒ 연인M&B

국립중앙도서관 출판시도서목록(CIP)

이 도서의 국립중앙도서관 출판예정도서목록(CIP)은 서지정보유통지원시스템 홈페이지(http://seoji.nl.go.kr)와 국가자료공동목록시스템(http://www.nl.go.kr/kolisnet)에서 이용하실 수 있습니다.
CIP제어번호 : CIP2015018940

짧지만 강렬한 감성 위인전

세계 장애인물사

방귀희 엮음

도서출판
솟대

그 사람도 장애인이었어?

어렸을 적 나는 이 세상에서 걷지 못해 엄마 등에 업혀 다니는 사람은 나 혼자인 줄 알았다. 그런데 글을 깨쳐 책을 읽을 수 있게 되면서 접한 헬렌 켈러와 루즈벨트 위인전은 어린 나에게 막연하게나마 나도 크면 뭔가를 할 수 있겠구나 하는 꿈을 갖게 만들었다. 하지만 청소년기에 이르러 그런 장애 위인들은 비행기를 타고 하루를 가야 도착하는 미국에서나 있을 수 있다는 사실에 그 위인전은 좌절감만 주는 금지 도서가 되었다.

방송작가 생활 31년은 나를 인물 수집가로 만들었다. 눈에 보이는 모든 활자에서 인물을 찾아야 구성하는 직업이었기에 동서고금을 막론하고 장애인이라는 사실이 발견되면 복권이 당첨된 듯이 소리를 지르며 그들을 반겼다. 내 수첩 속에 모여들기 시작한 인물들 가운데 가장 대접을 받는 사람들은 지금은 만날 수 없는 역사 속 장애 위인들이다.

2014년 조선 시대 장애 위인 66명을 발굴하여 『한국장애인사』를 펴낸데 이어 2015년에 세계 장애인 137명을 발굴하여 『세계장애인물사』를 발간하게 되었다. 한 명 한 명 평전을 써도 모자랄 판에 137명의 삶을 한 권의 책으로 담다 보니 수박 겉핥기식이 되었지만 이 책이 기초가 되어 누군가가 관심을 갖고 조선 시대 장애 위인과 세계의 장애 위인을 고스란히 복원해 주리라 믿는다.

연구하기에 열악한 상황에서 무리하게 『세계장애인물사』를 세상 밖으로 내놓는 이유는 그저 "그 사람도 장애인이었어?" 라며 제발 장애 때문에 못할 것이라며 기회조차 주지 않는 우리 사회가 장애인의 능력을 제대로 인정해 주기를 바라는 마음에서이다.

참고로 너무나 잘 알려진 사람은 짧게 서술하였고, 예술은 이미 주류 예술계에 진입한 예술인으로, 체육은 장애인 스포츠 선수는 이미 책으로 발표가 되었기에 이곳에서는 다루지 않았다는 것을 밝히며, 각 분야별 인물의 이름 가나다 순으로 정리하였다는 것도 알린다.

인문학은 사람이 기본인 학문인데, 인문학에서 장애인이 빠져 있다. 앞으로 이 책이 장애인 인문학의 기본 교재가 되고, 장애인 인문학으로 사람이 주는 감동과 에너지를 4배로 받아 가시길 간절히 바란다.

2015년 여름

방 귀 희

| 차례 |

에이브러햄 링컨

스티븐 호킹

제2부 과학

제3부 사회

닉 부이치치

제4부 예술

빈센트 반 고흐 〈별이 빛나는 밤〉

프리다 칼로 〈자화상〉

제5부 대중문화

스캣맨 존

제6부 체육

도디 페날로사

제1부

—

정치

언어장애를 가진 최고의 정치 웅변가
데모스테네스

언어—정치 웅변가—그리스

데모스테네스(Demosthenes)는 아테네에서 출생하였는데 7세 때 아버지가 죽자 백부인 아포보스가 유산을 관리하였으나 그들에게 전 재산을 빼앗겼다. 이 억울한 사건을 해결하기 위하여 데모스테네스는 이사이오스에게 웅변술을 배워 결국 소송에는 이겼으나 이미 탕진한 상태라서 재산은 환수받지 못하였다. 그는 이 재판을 계기로 직업적인 법정 변호가가 되었다.

일찍 아버지를 여의고 재산까지 몰수당해 교육을 받지 못한 데다 말을 몹시 더듬는 언어장애까지 있었던 그가 변호사가 되고 아테네 최고의 웅변가가 될 수 있었던 것은 그의 피나는 노력 덕분이었다. 그는 언덕을 뛰어오르며 발성 연습을 했고 독서를 통해 지식을 넓혀 갔다. 데모스테네스는 화려한 언변을 무기로 정계에 진출할 수 있었다.

당시 그리스는 신흥 마케도니아에게 위협을 받고 있었는데 그는 반(反)마케도니아운동의 선두에 서서 정열적인 의회 연설로 국민들이 힘을 모을 것을 촉구하였다. 그의 이름으로 전해지는 61편의 연설 중 특히 유명한 것은 〈필리포스 탄핵〉 3편을 비롯한 정치 연설이다. 초기에는 소크라테스의 영향으로 조화롭고 세련된 문체를 사용하였으나 점차 중후하고 압도하는 문체로 바뀌었다. 그의 연설이 설득력이 있었던 것은 말과 행동이 일치하는 진정성 때문이었다. 그래서 데모스테네스의 말이 국민들의 마음을 움직이게 했던 것이다.

마케도니아의 필립왕이 이런 말을 할 정도였다. "백만 명의 그리스 군사는 무섭지 않지만 데모스테네스의 세 치 혀는 무섭다."고 말이다.

노력하는 성실과 변치 않는 진실을 가진 데모스테네스의 리더십이 그리운 오늘이다.

시각장애인 장관
데이비드 블렁켓

시각—장관—영국

2001년 데이비드 블렁켓(David Blunkett)이 영국 내무장관으로 임명되었다는 소식이 해외 토픽으로 소개되었다. 내무장관직은 영국의 주요 국가 과제인 범죄와의 전쟁과 이민·망명 문제 등을 담당하는 요직이다. 그런 막중한 자리에 데이비드 블렁켓(David Blunkett)을 기용한 것은 그의 능력을 높이 평가했기 때문이다.

블렁켓은 4년간 토니 블레어 총리의 제1기 내각에서 교육장관으로서 신임을 얻었다. 블렁켓이 이렇게 세계적인 화제가 되는 것은 그가 앞을 전혀볼 수 없는 시각장애인이기 때문이다. 블렁켓은 1947년 잉글랜드 북부 도시 셰필드의 가난한 집에서 태어났는데 그가 어렸을 때 그의 아버지는 가스 공장에서 일하다가 끓는 물통에 빠져 숨졌다.

그는 4세 때 시각장애인 학교에 보내져 기숙사에서 살았다. 블렁켓은 대학에 가기 위해 야간학교에 다니면서 공부를 한 결과 셰필드대학에 합격을 한다. 그는 안정된 삶을 위하여 교사 자격을 획득하지만 1987년 하원의원에 당선되어 정계에 입문하여 토니 블레어 내각에서 두 번이나 장관이 되는 행운을 누린다.

블렁켓은 시각장애 때문에 장관직을 수행하는데 어려움이 있지 않느냐는 질문을 받으면 자신은 시각장애 때문에 국민의 소리에 더 경청할 수 있어서 시각장애가 장점이 된다고 대답하였다.

시각장애인 안내견과 함께 행사에 참여하고 내각회의 때는 토니 블레어 총리가 팔을 내주어 블렁켓을 안내하는 모습은 전 세계 장애인에게 희망을 주었으나 가정부와의 불륜 스캔들로 블렁켓은 임기를 채우지 못하고 정치 생명을 마쳤다.

소아마비 대통령
루즈벨트
지체—대통령—미국

소아마비 대통령으로 세계 장애인들의 우상이 된 루즈벨트이지만 당시 사람들은 그가 장애인이라는 사실을 잘 모르고 있었다. 불편한 모습을 보여 주지 않은 것도 그 이유가 되겠지만 장애를 확대 해석하지 않은 것이 더 큰 이유일 것이다. 그의 정적들조차도 그의 장애를 문제 삼지 않았다.

프랭클린 루즈벨트(Franklin Delano Roosevelt)는 1882년 뉴욕에서 태어났는데 하버드대학을 졸업한 후 1904년 컬럼비아 법학대학원에서 법률을 공부하여 변호사 자격을 취득하였고, 1910년 뉴욕주의 민주당 상원의원으로 당선되어 정계에 진출하였다.

1921년 뉴욕 주지사 선거에 나설 준비를 하면서 가족들과 여름 휴가를 보내던 중 작은 섬에 불이 난 것을 보고 불을 끄러 가기 위하여 호수의 차가운 물에서 오랫동안 헤엄을 쳐야 했는데 그날 저녁 고열로 생사를 오갈 만큼 열병을 앓았다. 바로 소아마비에 걸린 것이다. 그때 그의 나이 39세로 재기를 앞두고 있는 루즈벨트에게는 치명적인 결점이었지만 그는 포기하지 않았다. 1924년 정계로 복귀하여 1928년 뉴욕 주지사에 당선되어 재임에 성공하였다.

1932년 민주당 대통령 후보로 지명되자 지명수락 연설에서 뉴딜(New Deal) 정책을 제창하였다. 1929년 이래 몰아닥친 대공황으로 전 국민이 고통받고 있던 당시 미국의 사정으로써는 뉴딜 정책에 희망을 걸었고 결국 허버트 후버를 물리치고 대통령에 당선되었다. 대통령 취임 후 뉴딜 정책의 일환으로 경제에 대한 정부의 개입을 강화하였고, 의회는 대통령에게 많은 권한을 부여하여 그 정책 실행을 용이하게 하였다. 정책이 잇달아 성공을 거두면서 1935년 여름부터 경기가 상승되어 1936년 대통령에 재선되었다. 1939년 제2차 세계대전이 발발하였고, 1941년 참전에 의한 군수산업이 밑받침이 되어 미국의 경제가 살아나면서 실업자가 격감했다.

미국 국민은 루즈벨트에 한 번의 기회를 더 주어 1940년 3선 대통령이 되어 전후처리 문제 등에 주도적 역할을 하면서 전쟁 종결에 많은 노력을 기울였다.

1944년 네 번째로 대통령에 당선되었고 국제연합 구상을 구체화하는 데 노력하였으나 1945년 4월, 세계대전의 종결을 보지 못하고 뇌출혈로 사망하였다.

루즈벨트는 휠체어에 앉아서 12년간 대통령직을 수행하며 미국은 물론 세계적인 지도자로서 위대한 업적을 남겼다.

약속을 지킨
링컨 대통령의 안면장애

안면―대통령―미국

미국 링컨(Lincoln, Abraham) 대통령은 수염을 길게 기른 모습으로 기억이 되는데 링컨 대통령이 수염을 기른 것은 한 소녀의 편지 때문이었다.

링컨 대통령은 안면에 장애가 있어서 인상이 좋지 않았다. 그런 단점을 보완하기 위해 수염을 기를 것을 권했던 것인데 링컨은 어린 소녀의 충고를 받아들이겠다고 답장을 쓰면서 꼭 한 번 만나러 가겠다고 약속했다.

링컨이 대통령 선거 유세를 다닐 때 소녀가 살고 있는 마을에 가게 됐는데 그때 링컨은 약속을 지키기 위해 소녀의 집을 방문했다. 그때 소녀는 흑인 하녀의 딸과 소꿉놀이를 하고 있었는데 그 모습이 매우 아름다워 보였다고 한다. 인종 차별 없이 함께 어울려 사는 것이 미국을 위대하게 만들 것이란 확신을 갖게 한 것이다.

링컨이 소녀의 집에 머문 것은 단 10분이었지만 링컨은 약속을 잘 지키는 사람이란 신뢰감을 사람들에게 심어 주었고, 또 링컨 자신은 '노예해방'이라는 커다란 목표를 세우는 계기가 되었다. 위대한 대통령이 탄생하는 순간은 이렇게 소박했다.

미국 제16대 대통령이 된 링컨(Lincoln, Abraham)은 1809년 가난한 농부의 아들로 태어나 8세에 어머니와 사별하고 학교 교육은 생애를 통틀어 1년도 채 받지 못하였으나 독서로 공부를 하였다. 이런저런 잡일을 하며 법률 공부를 한 후 1836년 변호사로 일을 하면서 유머러스한 화술로 비상한 인기를 얻었다. 일리노이주 하원의원에 선출되어 정치를 시작하는데 미국 · 멕시코 전쟁에 반대하여 인기를 잃고, 은퇴하여 다시 변호사로 돌아갔다.

1856년 새로이 조직된 공화당에 입당하여 노예제 확장에 반대했다. 1860
년 공화당 후보로 대통령에 당선된 후 1863년 1월 1일 노예해방을 선언하
였다. 그해 11월 격전지 게티즈버그에서 한 2분간의 연설 중 "국민의, 국민
에 의한, 국민을 위한 정부는 영원히 지상에서 사라지지 않으리라." 는 구
절은 민주주의의 지침이 되었다. 대통령에 재선(1864)된 후 취임사에서 "어
떤 사람에게도 악의를 품지 않는다." 는 연설로 감명을 주었다. 다음 해 4
월 9일·남북전쟁을 종결할 수 있었는데 불행히도 5일 후 워싱턴 포드극장
에서 암살되었다. 링컨은 지금까지 미국 국민의 존경 대상이 되고 있다.

시각장애인 차관
벵트 린트크비스트

시각—차관—스웨덴

1985년 신문에 스웨덴에서 시각장애인이 사회부 차관에 임명된 소식이 해외 토픽으로 실렸다. 그 주인공은 14세 때 시력을 잃고 스웨덴 장애인연맹중앙위원회 의장을 지내던 벵트 린트크비스트이다. 그는 사회보장 및 장애인 복지 등의 업무를 관장하게 된다.

차관은 검토해야 할 서류만 해도 어마어마하게 많을 텐데 그 많은 서류들을 점자로 만들 수는 없을 것이고 어떻게 차관직을 수행할까 궁금해 할 사람들을 위해 린트크비스트는 자신이 개발해 낸 특수전자정보처리기를 사용하여 일상 업무에 아무런 불편이 없다는 설명을 덧붙였다.

스웨덴에서는 그를 시각장애인으로 보기 전에 한 사람의 유능한 인력으로 생각했던 것이다. 앞을 보지 못한다는 어려움을 체험하고 있는 사람이기에 사회보장에 남다른 애정을 갖고 있을 것이고 장애인 복지에 뛰어난 식견을 가지고 있을 것이라고 믿어 주었던 것이다.

휠체어를 탄 독일의 2인자
볼프강 쇼이블레

지체—장관—독일

　유럽의 한복판에 위치한 강한 나라 독일은 통일이 되면서 경제력에 걸맞게 정치적 영향력 또한 급속히 신장해 가고 있는데 머지않아 휠체어 장애인이 그런 독일을 이끌어 갈지 모른다는 기대를 걸게 하는 사람이다. 1989~1991년 내무장관, 2005~2009년 내무장관, 2009년부터 지금까지 재무장관을 지내고 있는 볼프강 쇼이블레(Wolfgang Schäuble)가 바로 그 주인공이다. 수상 다음의 중책으로 수상직에 오르는 마지막 정류장이라는 원내총무로 선출되던 날 헬무트 콜 수상은 휠체어를 타고 회의장을 나오는 쇼이블레에게서 휠체어 대통령 루즈벨트의 탄생 가능성을 보았다고 했다.

　원내총무 선출을 계기로 그에 관한 갖가지 눈물겨운 신화들이 쏟아져 나오면서 그의 인기가 하루가 다르게 치솟았다. 쇼이블레가 장애인이 된 것은 1990년 한 정신 질환자의 저격을 받아 척수 손상을 입었기 때문이다. 당시 내무장관이었던 그는 저격 5일 후 의식을 되찾았으나 다시는 일어서지 못하였다. 최소한 2년 정도 재활치료를 받아야 한다는 의사의 만류에도 불구하고 그는 내무장관직에 복귀했다. 휠체어가 들어갈 자리를 마련하기 위해 집무실 책상의 서랍을 톱으로 잘라 내었고, 하루 17시간의 격무에 들어갔다. 그의 정계 복귀는 그의 동료들 뿐만 아니라 독일인들에게 커다란 감동을 주었다. 그는 정치 없는 인생은 한번도 생각해 본 적이 없다고 할 정도로 자기 일에 강한 애착을 가지고 있다.

　최근 그리스 카메노스 국방장관은 공격 대상을 메르켈 독일 총리에서 볼프강 쇼이블레 독일 재무장관으로 확대했다. 독일 일간지 『빌트』와의 인터뷰에서 "쇼이블레 독일 재무장관은 그리스가 유로존에서 나가도록 심리전을 펴면서 양국 관계를 악화시키고 있다."라고 주장한 것이다. 쇼이블레가 그리스의 부정부패를 맹렬히 비난해 왔기 때문이다.

당나라의 중복장애인 장군
봉상청

중복—장군—중국

봉상청(封常淸)은 한인 출신으로 포주(蒲州) 의씨 사람이다. 일찍 부모를 여읜 고아로 외조부 밑에서 성장하였다. 외조부가 죄를 짓고 안서(安西)로 유배되었을 때 호성 남문을 지키면서 책을 읽었는데 그때마다 봉상청을 성의 문루에 앉혀 놓고 책 읽기를 가르쳐서 책을 많이 읽어 학문이 깊었을 뿐 아니라 문장도 뛰어났고 글씨도 잘 썼다.

그는 체구도 왜소하여 볼품이 없었으며 눈은 사시였고, 다리가 짧아 절었다. 장애 때문에 나이 30세가 넘도록 관직을 얻지 못하자 고선지에게 편지를 보낸다. 고선지는 봉상청의 편지를 받고는 대단한 명필에다 뛰어난 문장에 반해 감탄을 한다. 그러나 막상 봉상청의 모습을 보자 실망을 하여 부하가 되겠다는 봉상청을 타일러 보낸다. 봉상청은 다시 편지도 보내고 수차례 찾아오지만, 고선지가 화를 내고 받아 주지 않자 한 달 동안 고선지의 집 앞을 지켰고 이에 감동한 고선지는 마침내 봉상청을 받아들이게 된다.

그 후 두 사람은 서로의 부족한 점을 잘 보완해 주는 관계가 된다. 고선지의 한발 앞서려는 성급함을 침착한 봉상청이 잘 제어하여 고선지가 신중히 행동하도록 해 주었던 것이다. 봉상청을 부하로 받아들임으로써 비로소 세계사에 남을 큰 업적을 쌓을 수가 있게 된다.

실크로드의 온갖 전투에서 연전연승의 신화를 이룩한 고선지의 뒤에는 천재적인 참모 봉상청이 있었다는 것을 기억해야 한다.

지체장애인 군사이론가
손빈

지체―장군―중국

손빈(孫臏)은 제나라 사람으로 기원전 356년에서 기원전 319년 무렵에 활동했다. 청년 시절에는 방연과 함께 병법을 배웠는데, 학업 성적이 늘 방연을 앞질러 그의 시기와 질투 대상이 되었다. 학업을 마친 뒤 방연은 위나라에 가서 벼슬을 하다가 혜왕에 의해 장수에 임명되었다. 당시 제나라와 위나라는 중원의 패권을 놓고 격렬하게 싸우고 있었다.

방연은 자신이 손빈만 못하다는 사실을 너무 잘 알고 있었으므로 제나라에서 손빈을 기용하면 어떡하나 몹시 꺼려했다. 그래서 비밀리에 손빈을 위나라로 초대했다. 손빈이 위나라로 오자 이번에는 혜왕이 뛰어난 손빈을 발탁하지 않을까 걱정되어 음모를 꾸며 손빈을 해쳤다. 사악한 방연은 손빈의 선조 손무가 남긴 병서를 손에 넣기 위해 손빈을 죽이지 않고 무릎 아래를 잘라내는 형벌인 빈형(臏刑)을 가해서 지체장애인으로 만들었다. 손빈의 얼굴에다 죄인임을 나타내는 경형(黥刑)의 흔적까지 남겼다. 물론 방연은 자신의 의도를 철저하게 숨긴 채 손빈에게 마치 은혜를 베푸는 것처럼 꾸몄다.

얼마 뒤 동문수학한 방연의 천인공노할 흉계와 그 진상을 알아낸 손빈은 위나라에서 도망칠 생각을 하면서도 병서의 저술에 몰두한다. 마침 고국인 제나라의 사신이 위나라에 왔을 때 몰래 만나서 자신의 사상을 펼쳐보인다. 제나라의 사신은 손빈의 재주를 알고 몰래 수레에 태워 제나라로 데리고 와서 장군 전기에게 소개해 주었고 전기는 손빈의 능력을 인정하여 빈객으로 예우해 주었다.

위나라가 조나라를 공격했을 때, 위급해진 조나라가 제나라에 구원을 요청한다. 이때 제나라 위왕이 손빈을 장군으로 삼으려 하자 손빈은 사양하고 장군 전기의 군사가 되어 출전한다. 전기가 군사들을 이끌고 조나라로 가려 하자 손빈은 상대의 강한 부분은 피하고 약한 부분을 공격한다는 계략을 써서 크게 승리하여 존재감을 얻는다.

13년 후에 위나라와 조나라가 함께 한나라를 침공한다. 이에 한나라에서는 제나라에 도움을 요청하는데 제나라는 전기를 장군으로 삼아 위나라로 진격한다. 이때 위나라의 장군 방연이 제나라의 군대와 부딪치게 된다. 마침내 손빈을 장애인으로 만든 방연과 싸우게 된 것이다.

손빈은 군사들에게 10만 개의 아궁이를 만들게 하고 다음 날에는 5만 개, 그다음 날에는 3만 개의 아궁이를 만들게 한다. 추격하던 방연은 이것을 보고 제나라 병사들의 태반이 도망갔다고 생각하고 보병과 떨어져 날쌘 정예부대만을 거느리고 급히 추격을 한다. 손빈이 방연의 추격 속도를 계산해 저녁 무렵에 마릉에 이를 것이라 생각하고 병사들을 매복시키고 길가의 큰나무에 '방연 이 나무 아래에서 죽다' 라는 글자를 써놓고 횃불을 신호로 공격을 하게 하는데 결국 위나라의 군사는 크게 패하고 방연은 자살을 한다. 반면에 손빈은 천하에 그 명성을 날리고 대대로 그의 병법이 전해지게 된다. 손빈은 원수도 갚고 명예도 얻었다.

손빈은 연구에 몰두하여 삼사법(三馹法)을 창안했고, 이것이 인연이 되어 제나라 위왕에게 군사(軍師)로 임명받았다. 그리고 대장군 전기(田忌)를 도와 두 차례 전쟁에서 큰 승리를 거두었다. 이러한 경험을 바탕으로 『손빈병법』이라는 군사이론서를 남겼다.

손무의 군사사상을 계승하고 발전시켜 군사이론과 실천에서 대단히 높은 수준을 과시했다. 그가 창안한 삼사법은 군사응용학의 시초가 되었다. 손빈은 중국 군사사에서 중대한 지위를 차지하는 군사이론가이다.

언어장애가 만든 명연설
윈스턴 처칠

언어—총리—영국

언어장애가 있었던 영국의 윈스턴 처칠(Winston Leonard Spencer Churchill) 수상은 명연설가로 유명하다. 처칠은 언어장애 때문에 말을 길게 하지 못해서 짧게 표현했는데 그것이 관중들에게 강한 인상을 심어 주었다.

제2차 세계대전으로 피폐해진 영국인을 다시 일으켜 세운 것은 바로 이말 한마디 때문이었다.

"결코, 결코, 결코 포기하지 않습니다." 결코라는 말을 반복한 것은 처칠의 언어장애에서 비롯된 것이만 국민들에게는 수상의 강력한 의지를 전하는 명연설이 됐던 것이다.

윈스턴 처칠(Winston Leonard Spencer Churchill)은 1874년 영국 옥스퍼드셔에서 출생하였다. 1895년 육군사관학교를 졸업하고 1899년 보어전쟁에 참가하여 포로가 되었으나 탈출에 성공하여 국민적 영웅이 되었다. 1900년 정치에 입문하여 요직을 두루 거치게 된다.

처칠은 나치 독일의 군사력이 영국의 안전에 위협이 된다고 하여 영국의 군비 낙후를 규탄하고, 영국 · 프랑스 · 소련의 동맹을 제창하였다.

그의 주장은 제2차 세계대전 직전에 이르러 그 정당성이 인정되기 시작하였으며, 1940년 노르웨이작전 실패를 계기로 당시 총리가 해임되고 처칠이 총리에 취임하였다. 전시 중이라서 노동당과의 연립내각을 이끌고 미국 루스벨트 대통령, 소련 스탈린과 더불어 전쟁의 최고 정책을 지도하였다.

1945년 총선거에 패한 후에는 야당 당수로서 집권 노동당에 대한 공격을 늦추지 않았으며 1946년 미국 미주리주 연설에서 '철의장막(iron curtain)' 이라는 신조어를 만들어 내기도 하였다. 1951년 다시 총리에 취임하여 '경(卿, Sir)' 의 칭호를 받았다. 1955년 당수의 자리에서 물러나 평의원으로 하원에서 나랏일을 보았다.

그는 역사, 전기 등의 산문에도 뛰어나 수많은 저서를 남겼는데 『제2차 세계대전』으로 1953년 노벨문학상을 수상하였다. 또한 그림도 잘 그려서 화가로도 널리 알려져 있다.

'말은 잘 못하지만 거짓말은 안 한다' 는
장 크레티앙 총리

언어─총리─캐나다

캐나다의 장 크레티앙(Jean Chretien) 총리는 왼쪽 안면 근육 마비로 한쪽 귀가 들리지 않고 발음이 불분명한 장애인이다. 그의 장애는 정치 만화가들로부터 회화적으로 묘사되어 작은 사건도 크게 확대되곤 하였다. 하지만 크레티앙은 캐나다 선거사상 가장 빛나는 승리를 쟁취한 주인공이다.

어느 날 그는 총리 유세 연설에서 이렇게 말했다.

"여러분, 저는 언어장애를 가지고 있습니다. 그 때문에 오랫동안 고통을 당했습니다. 지금도 제 생각과 제 뜻을 여러분들에게 전부 전하지 못할까 봐 걱정이 됩니다. 그러나 인내심을 갖고 제 말에 귀 기울여 주십시오. 저의 어눌한 발음이 아니라 그 속에 담긴 저의 생각과 뜻을 들어주시면 감사하겠습니다."

여기까지 말했을 때 그를 반대하는 사람이 소리쳤다.

"한 나라를 대표하는 총리에게 언어장애가 있다는 것은 치명적인 결점입니다."

그러자 크레티앙은 어눌하지만 단호한 목소리로 말했다.

"나는 말을 잘 못합니다. 그래서 거짓말도 잘 못합니다."

그 자리에 있던 사람들은 크레티앙의 그 말에 크게 감동하여 열렬하게 손뼉 치며 환호했다.

그의 솔직함이 유권자들의 많은 지지를 받아 낼 수 있었다.

크레티앙 총리는 시골 마을의 가난한 집안에서 무려 19명의 남매 가운데 18번째로 태어났는데 왜소한 체구에 신체적인 장애까지 있어 친구들의 놀림과 집단 따돌림을 받는 최악의 상황에서 성장하였다. 그는 변호사로 일을 하였을 때도 시골 호박이라는 별명을 얻을 만큼 청바지를 즐기는 소탈한 성품이었다.

연방 통합을 주장하는 그의 소신으로 고향인 퀘벡주에서의 인기는 없었지만 1963년 29세에 하원의원에 당선되어 정계에 발을 디딘 뒤 68년부터 장관 10차례, 총리 3차례를 지낸 풍부한 행정 경험을 가지고 있는 유능한 정치인이다.

크레티앙 총리는 작은 정부를 지향하면서 국가 예산의 낭비를 막고, 교육과 행정 등 모든 영역에서 꼼꼼하게 나라 살림을 꾸렸다. 비효율적이고 방만한 국가기관들은 과감하게 민영화하고 국가 경제 시스템을 효율적으로 만드는 데 많은 노력을 기울였다. 그 결과 만성적이던 국가의 재정 적자를 극복하고 국가 경제개혁을 성공적으로 이끌어 내었다.

장 크레티앙의 40년 정치 생활은 말은 잘 못하는 대신 거짓말은 않는다는 정직함으로 기억될 것이다.

휠체어 주지사
조지 웰레스

지체—주지사—미국

조지 콜리 웰레스(George Corley Wallace)는 1919년 앨라배마주 가난한 농촌 지역에서 태어나 트럭 운전, 권투 선수를 하면서 앨라배마대학에서 법학을 전공했다. 제2차 세계대전에 참전한 후 지방 검사로 활동하다 1946년 앨라배마 주의회 하원의원으로 선출되었다. 1948년 민주당 전당대회에서 해리 트루먼 대통령의 인종차별 철폐 조치에 반대하는 운동을 벌였다.

그 후 주 법원 판사로 일했고, 1962년 민주당 소속으로 주지사 선거에 출마하여 주지사로 당선되었다. 그는 연방의 권력을 제한하고 주의 권리를 지키기 위해 노력했는데 인종차별 철폐를 강하게 반대한 것도 흑인을 증오해서가 아니라 주의 권리에 연방이 침범하는 것을 막기 위해서였다.

1972년 대통령 선거에 출마하여 남부 지역에서 많은 지지를 받았으나 유세 도중 총격을 받아 하반신 마비 장애를 갖게 되었다. 하지만 그는 휠체어를 타고 정치를 계속하였다. 1974년 다시 앨라배마 주지사로 당선되었고 1976년 대통령 선거에 다시 출마하였으나 지미 카터가 우세해지면서 중도 포기하였다.

1979년 주지사 임기 종료와 함께 정계에서 은퇴했다. 웰레스는 재혼한 부인에게 이혼까지 당해 정치생명은 물론 존재조차 망각 속에 묻히는 듯했지만 1982년에 앨라배마 주지사 선거에 다시 출마하여 압도적인 표 차이로 당선됐다.

대통령 출마 때는 물론 주지사 시절을 통해 흑백차별 정책을 표방하여 흑인들로부터 비난을 받았던 웰레스는 아이러니컬하게도 이번 선거에서는 흑인들의 지지로 승리했다. 그가 과거 자신의 흑백차별 정책이 과오였음을 장애인이 된 후 알 수 있었다고 시인한 것이 유권자들의 마음을 움직인 것이다.

웰레스는 1987년 주지사 임기를 마치고 나서도 1998년 세상을 떠나기 전까지 영향력 있는 정치인으로 사람들의 관심 속에 있었다.

티무르제국의 대정복자
티무르는 장애인이었다

지체―군주―티무르

티무르(Timùr)는 1336년에 징기즈칸의 아들 차가타이가 세운 차가타이 한국에서 징기즈칸의 후손으로 태어났다. 차가타이 내에서의 칸들의 내란을 종식시키고 1369년 즉위하여 수도를 사마르칸트로 정한다. 이후 몽골제국의 부흥을 부르짖으며, 30년 동안 사방으로 원정을 떠나 이란 지방과 바그다드, 앙카라, 모스크바는 물론 인도의 델리까지 정벌을 하여 지중해에서 인더스강에 이르는 대제국을 건설하였다.

티무르는 대제국을 건설하는 과정에서 장애를 갖게 된다. 시스탄 전투에서 오른발을 다쳤기 때문에 티무르 이랑 또는 티무르 랭크라고 불리게 되었는데 이는 절름발이 티무르란 뜻으로 페르시아의 적들이 티무르를 경멸하여 부른 별명이다. 티무르의 장애는 1941년에 발굴된 그의 유적지에서 그의 시체가 공개되었을 때 오른쪽 손과 두 다리에 장애가 있었다는 것이 확인되었다.

티무르가 대제국을 건설하고 수많은 원정에서 승리할 수 있었던 이유는 그가 용병술에 능했기 때문이다. 그의 성격은 매우 대담하고 용맹스러웠으며 의지가 강하고 엄격하였지만 학자와 문인을 보호하는 인문학적인 면모도 보였다.

티무르는 수도 사마르칸트를 중앙아시아에서 가장 화려한 곳으로 만들려고 했다. 사마르칸트는 1220년에 징기즈칸이 코라즘 왕국을 멸망시키고 입성한 의미 있는 곳이었기에 티무르는 이곳을 수도로 정하고 중앙아시아에서 가장 아름답고 화려한 도시로 꾸미기 위하여 원정에서 많은 기술자와 예술가를 포로로 데려와 이 도시를 새롭게 건설했다. 이런 노력으로 그의 사후에도 1세기 동안 사마르칸트는 학문과 과학의 중심지가 되었다.

1402년 앙카라 전투에서 승리하고 난 뒤 3년도 채 지나지 않아서 명나라를 정벌하기 위해 동방으로 원정길에 오른 티무르는 도중에 병을 얻어 1405년 오트라드에서 대정복자로서의 파란만장한 일생을 마감하게 된다. 그의 시체에는 향유가 발라지고 흑단 관에 넣어져 사마르칸트의 구르 아미르란 호화로운 무덤에 안장된다.

왕위에 오른 뒤 30년 동안 줄곧 원정을 다녔던 정복 군주 티무르는 역사상 마지막 제국의 건설자였다. 그런 그가 장애인이었다는 것은 장애인은 약하다는 인식을 확 깨게 해 준다.

언어장애인 사상가
한비

언어―정치 사상가―중국

한비(韓非, BC 280~BC 233)는 중국 전국시대 한나라의 왕족 출신이다. 성악설(性惡說)을 주창한 순자의 문하에서 학문을 배워 뒷날 법가(法家)의 사상을 집대성하였다. 국가의 운영을 위해서는 제도가 법제화되어야 하고 성문화된 법은 엄격한 집행이 필요하다고 주장했다.

한비는 절대군주의 사사로운 판단이나 감정을 배제한 합리적이고 공개된 통치를 위해 이상적인 제도의 법제화가 필요하다고 하였다. 한비는 귀족이라고 해서 예외를 두지 않고 모든 백성들에게 공평하게 법을 적용하여 법을 반드시 따라야만 하는 공리성(公理性)을 중요하게 생각했다. 그리고 군주의 독단적인 1인 통치를 방지하기 위해 관료제(官僚制)를 주장했다. 권력이 집중되지 않고 분산되는 관료제는 법가사상의 이상적인 구현이라고 여겼다. 하지만 그의 이러한 주장이 한나라 왕에게 받아들여지지 않자 한탄하면서 자신의 법가적 이상을 『한비자(韓非子)』라는 책으로 남겼다.

한비의 저서를 본 진시황은 "내가 이 사람을 만나 그와 사귈 수만 있다면 죽어도 여한이 없겠다."고 말하며 한비를 데려오기 위하여 급히 한비의 나라인 한나라를 공격한다. 한나라 왕은 한비를 등용하지 않았다가 상황이 급해지자 한비를 진나라에 사신으로 파견한다. 진시황은 한비가 오자 좋아하였는데 막상 한비가 말을 심하게 더듬어 대화가 불가능하고 또 한나라의 공자라는 점 때문에 한비를 신용하지 않는다. 한비의 학문을 시기하던 이사라는 책사가 한비를 돌려보내면 후환이 있을 것이라며 한비를 제거하는 것이 좋다고 간언하자 진시황은 한비에게 사약을 내렸다.

한비는 억울한 죽음을 당했을 뿐 아니라 뛰어난 사상을 가지고도 직접 정치 일선에서 자신의 사상을 펼쳐 보일 수 없었다. 언어장애 때문에 사람들 앞에서 자신의 학문을 소개하는 유세(오늘날은 선거를 위해 유세를 하지만 춘추전국시대에는 자신의 사상을 군중들 앞에서 설파하는 행위를 뜻함)도 한번 하지 못하고 오로지 글로 썼다. 그러나 진시황이 중국 통일을 한 후 그의 사상을 진나라의 통치이념으로 삼았다는 것은 그 사상의 위대함을 인정한 것이다.

　그의 저서는 오늘날에도 수없이 읽히며 많은 교훈을 주고 있다. 한 가지 예로 창과 방패의 이야기로 알려져 있는 '모순(矛盾)'은 한비가 만들어 낸 단어이다.

어둠 속에서 근대 개혁을 이끈
헨리 포셋

시각—국회의원—영국

헨리 포셋(Henry Fawcett)은 1833년 솔즈베리에서 태어나 킹스 칼리지 스쿨과 케임브리지대학에서 공부했다. 25세가 되던 해인 1858년에 총기 사고로 실명하였다. 포셋은 아버지와 함께 사냥을 갔었는데 아버지의 실수로 총알이 아들의 눈을 향한 것이다. 아버지는 아들이 앞을 볼 수 없게 되었다는 사실에 괴로워하였지만 포셋이 머리를 다치지 않아서 다행이라고 아버지를 위로해 주었다는 일화는 아주 유명하다. 그는 실명 후 더욱 공부에 몰두하였다.

1861년 영국협회에서 개최한 진화론 토론회에서 포셋은 찰스 다윈의 이론을 옹호하여 진화론이 채택되는 데 결정적인 영향을 끼쳤다.

1863년에 정치경제학 교과서를 출간했고, 케임브리지대학의 정치경제학 교수로 임용되었다. 『노동과 임금』 등의 저서를 통해 경제학의 권위자로 인정받았다. 1883년에는 글래스고대학 총장으로 선출되었다.

자유당 후보로 나와 낙선을 거듭한 끝에 1865년 브라이튼 의회 의원에 당선되었다. 1874년까지 의원직을 유지하다 1874~1884년 기간은 지역구를 해크니로 옮겼다. 그는 여성 참정권 운동을 했다. 1880년에 윌리엄 글래드스턴 수상에 의해 체신공사 총재로 임명되었으며 추밀원 의원으로도 지명되었다.

그는 우체국 저축 은행을 통한 저축 장려에 특별한 관심을 가졌다. 우체국 생명보험과 연금보험 체계를 개발했다. 소포, 우편 주문 그리고 공중전화와 장거리 직통 라인 허용을 위한 면허 체계 변경 등 여러 가지 혁신적인 정책을 도입했다.

결혼 후 슬하에 외동딸 필리파를 두었는데 1884년 51세에 늑막염으로 때 이른 죽음을 맞이하고 만다.

　솔즈베리 시장 광장, 런던 중심부 차링 크로스 근처의 빅토리아 제방 정원에 그의 동상이 있다. 후자의 것은 저명한 조각가인 메리 그란드의 작품이다. 레슬리 스티븐 경은 1885년에 『헨리 포셋의 삶』이라는 전기를 썼다. 개혁자 기념관에 있는 유명한 영국 개혁가들 사이에 포셋의 이름도 새겨져 있다.

제2부

—

과학

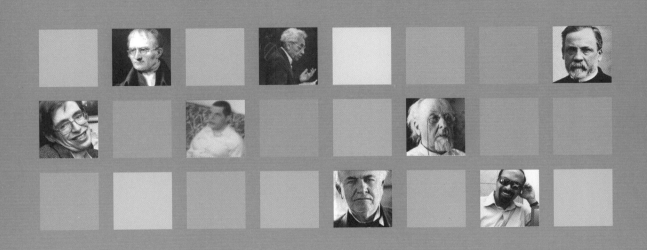

곤충학자
그레그 후버는 시각장애인이었다

시각─곤충학자─그리스

그리스 제네바에서 활동했던 유명한 곤충학자 그레그 후버(Greg Hoover)가 시각장애인이었다는 사실을 알고 있는 사람은 거의 없을 것이다. 펜실베이니아 주립대학의 곤충학자 그레그 후버(Greg Hoover)의 꿀벌 연구는 아직도 걸작이란 평가를 받고 있는데 후버는 17세 때부터 앞을 볼 수 없게 된 시각장애인이지만 세심한 관찰력과 날카로운 시각으로 자연사에 훌륭한 업적을 남겼다.

특히 꿀벌의 습관을 찾아내서 꿀벌을 이해하는 데 결정적인 역할을 했다. 후버가 시각장애 속에서 연구를 할 수 있었던 것은 그의 눈이 되어 준 부인이 있었기 때문이다.

부인이 보이는 대로 설명해 주면 후버는 그것을 머릿속에 담아 자기만의 방식으로 관찰하며 연구를 한 것이다.

"왜 어떤 곤충은 딱 일 년만 살고, 또 어떤 곤충은 이 년이나 삼 년을 사는가? 이것은 유전자에 프로그램 되어 있기 때문이다."

라며 곤충의 유전자에 관심을 갖고 연구를 하였는데 후버는 곤충이 내는 소리만 듣고도 곤충을 눈으로 본 듯이 관찰할 수 있었다.

사람들이 후버에게 눈만 뜰 수 있다면 더 많은 연구를 할 수 있지 않겠느냐고 안타까워했지만 후버는 시력을 되찾는다면 자신은 불행해질 것이라며 시각장애를 아주 긍정적으로 받아들였다.

색맹을 연구한 화학자
돌턴 존

색맹—화학자—영국

돌턴(Dalton John)은 1766년 영국 컴버랜드주에서 태어났는데 그의 아버지는 직물공이었고 형제가 많아서 아주 가난하게 살았다. 가난했던 돌턴이 받은 정규교육은 초등학교 과정이 전부지만, 그럼에도 그의 수재성이 인정되어 12세 때에 마을 학교의 교장이 된다.

이 마을에서 로빈손이란 퀘이커교도에게 수학과 과학 교육을 받았는데 로빈손은 과학적 학식이 높은 사람이었다. 특히 기상학에 능통하였던 로빈손의 영향으로 돌턴은 평생을 기상학 연구에 몸 바치게 된다.

돌턴은 화학자로 더 잘 알려져 있지만 사실 기상학 연구에 일생을 헌신했다. 돌턴의 오로라와 무역풍에 관한 연구는 유명하다. 돌턴은 기상학을 연구하다가 화학적인 원자설을 내놓게 된 것이다.

돌턴은 맨체스터 칼리지에서 수학과 과학철학을 강의하였고 1794년 맨체스터문학철학협회(The Literary and Philosophical Society of Manchester)에 가입하여 많은 학자들과 교류하며 많은 연구 성과물을 발표한다. 나중에는 이 협회의 회장직을 역임하게 된다. 돌턴은 1793년 기상 관계 논문을 정리하여 최초의 저서 『기상 관찰과 수필: Meteorological Observations and Essays』을 출간하였다. 1801년 분압의 법칙, 1803년 배수 비례의 법칙을 발표하였고 이어서 정량적인 근대적 원자설을 수립하여 돌턴의 원자설을 완성하였다.

그의 최초의 원자량표는 1805년 논문에 처음 기재되었다. 그 원자설의 전모는 1808년 및 1810년 발행된 저서에 의해 발표되었는데 이것이 돌턴의 최대 업적이다. 그는 색맹으로 연구에 어려움이 있었지만 자신이 색맹이라서 색맹에 관한 연구도 하였다.

돌턴이 어렸을 때 어머니께 양말을 사 드렸는데 그의 가정은 검소한 생활을 하는 엄격한 퀘이커교도였기 때문에 주로 회색의 옷을 입었다. 그런데 돌턴이 어머니에게 빨간 양말을 선물했기 때문에 어머니가 깜짝 놀랐다. 그런데 더 큰 문제는 어머니가 빨간 양말이라고 했을 때 아들 돌턴이 회색 양말이라고 우기는 것이었다. 어이가 없는 어머니가 돌턴의 형을 불러 물어보았는데 놀랍게도 돌턴의 형 조나단도 돌턴과 똑같이 대답하였다. 돌턴 형제가 적록색맹이라는 것을 알게 된 놀라운 사건이었다.

성장해서도 색맹 때문에 웃지 못할 일들이 벌어진다. 돌턴이 60세 때 그의 추종자들이 영국왕 윌리엄 4세를 알현할 기회를 마련했는데 돌턴이 궁정의 예복을 입기 싫어서 옥스퍼드대학의 예복을 입었다. 그런데 그 예복은 붉은색이었다. 그래서 돌턴은 혼자 튀었고 그런 행동이 왕을 불쾌하게 만들었지만 눈의 장애를 설명하여 무사히 넘어갈 수가 있었다.

돌턴은 죽기 전에 자신의 눈을 색맹연구에 써 달라고 기증하여 색맹에 대하여 많은 것이 밝혀졌다. 색맹을 돌토니즘(daltonism)이라고 부르는 것은 돌턴이 최초로 연구를 하였기 때문이다. 그는 1844년 서민적인 학자로서 일생을 마쳤다.

소련 우주 전쟁의 선점 뒤에는 시각장애인 수학자 레프 폰트랴긴이 있었다

시각—수학자—소련

레프 세묘노비치 폰트랴긴(Lev Semyonovich Pontryagin 1908~1988)은 소비에트 연방의 수학자이다. 러시아 제국 모스크바에서 공무원이었던 아버지의 월급은 가족을 부양하기에는 터무니없이 적어서 어머니가 바느질을 하며 생활비를 보탰다. 가정 형편 때문에 폰트랴긴은 좋은 학교에 다닐 수 없었다. 그러다 14세 때 프리무스 스토브(초기의 고압 등유 가스레인지)가 폭발하는 사고로 실명하였다. 시각장애인이 된 아들은 집안의 큰 짐이 되었지만 아버지는 어른들의 잘못으로 앞을 보지 못하게 된 아들에 대한 연민 대신 책임감을 가졌다. 그래서 아버지는 아들의 교육을 위하여 어린 폰트랴긴에게 수학 책과 논문을 읽어 주었다. 폰트랴긴이 수학에 관심을 갖고 있었기 때문이다. 아들의 수학 공부를 위하여 아버지는 외국어를 공부하여 영어를 비롯한 다양한 외국 전문서적을 읽어 주었다. 아버지는 수학을 전혀 몰랐기 때문에 기호들을 있는 그대로 읽어 주었다. 예를 들어 합집합 기호 $\cup$을 '위로 굽은 꼬리', 교집합 기호 $\cap$를 '아래로 굽은 꼬리' 따위로 표현하였다.

이런 헌신적인 노력으로 폰트랴긴은 1925년에 17세의 나이로 모스크바 대학에 입학하였다. 시각장애인이라고 입학에 어려움이 있었지만 수학에 매우 뛰어난 능력을 보이자 대학에서 주목하기 시작하였다. 폰트랴긴은 이미 1927년 19세의 나이에 중요한 연구 결과를 출판하기 시작하였다. 그런데 그해 아버지가 돌아가셨다. 폰트랴긴이 세계적인 수학자가 될 수 있는 기초를 마련해 주고 떠난 것이다.

1935년에는 힐베르트 5번 문제를 아벨군에 대하여 해결하였고, 1940년에는 오늘날 폰트랴긴 모임이라고 알려진 모임을 정의하였다. 1952년부터는 응용수학 특히 제어이론을 연구하였다.

폰트랴긴이 『최적과정의 수학적 원리』라는 책을 써서 동역학, 제어공학 분야에서 소위 현대적인 방법론이라고 부르는 최적제어이론을 제공한 것은 그의 엄청난 내공 덕분이다.

1950년대 미국과 소련의 우주 경쟁에서 소련 측이 먼저 실패 없이 스푸트니크 위성과 보스토크 유인우주선을 쏘아 올릴 수 있었던 것도 그가 창조한 최적제어이론이 적용된 성능이 우수한 로켓제어이론이 있었기 때문이다.

당시 미국의 수학자와 공학자들은 그가 창조한 최적제어이론에 대해서 이해조차 못하고 있었다.(미국은 1960년대 후반에 접어들어서야 비로소 아폴로 우주선 프로젝트에 최적제어이론에 기반한 칼만필터링 제어기법이 적용되었다.)

또한 그의 이론에 기반을 둔 최적설계라는 방법이 최신 공학 분야에서 맹위를 떨치고 있는 것을 생각해 보면 폰트랴긴 덕분에 현대 공학이 발전하고 있다는 것을 알 수 있다. 우리가 지금까지 모르고 있었던 것은 폰트랴긴이 시각장애인이었다는 사실이다.

장애 때문에 미생물의 아버지가 된 루이스 파스퇴르

지체―세균학자―프랑스

세균학의 창시자 루이스 파스퇴르(Louis Pasteur, 1822~1895)가 연구에 몰두할 수 있었던 것은 바로 그의 장애 때문이다. 뇌출혈로 쓰러져 좌측 마비가 생겼는데 파스퇴르는 언제 또다시 쓰러질지 모른다는 불안감 때문에 연구를 서둘렀다.

현대 과학의 입장에서 볼 때 파스퇴르는 미생물학의 기초를 다지는 데 가장 큰 역할을 한 사람이다. 파스퇴르는 질병과 미생물을 최초로 명확하게 연결해 전염성 질병의 원인이 병원성 미생물이라는 학설을 완성했다.

파스퇴르는 1822년 프랑스 주라주에서 태어났다. 유년 시절의 그는 부모와 친구들의 초상화와 파스텔화를 그리는 일 외에는 거의 관심이 없었다. 부친은 아들의 교육을 위해 아르브와로 이사를 갔다. 파스퇴르는 초·중등학교를 마친 다음 1840년 브장송대학에서 문학사 학위를 받았고 2년 후 이학사 학위를 받았다. 1845년 물리학으로 이학 석사학위를 받았고 1847년 이학 박사학위를 받았다. 파스퇴르는 문학에서 이학으로 전공을 바꿔 능력이 빛이 났다.

릴레대학 화학교수로 근무하던 1856년에 양조업자들이 자신들의 포도주가 쉽게 상하는 이유를 알려 달라고 부탁해 발효에 대한 연구를 시작했다. 발효 현상을 화학 반응만으로 설명하던 기존의 이론에서 벗어나 미생물이 발효와 관련 있을 것이라는 생각으로 연구에 전념했다. 그리하여 정상 알코올 발효는 효모 때문에 발생하지만 비정상 발효는 젖산균과 같은 다른 미생물 때문에 생긴다는 것을 알게 되었다. 미생물이 질병의 원인임을 증명하고, 이를 예방하기 위해 1863년에는 저온살균법을 고안해 발표했다.

1877년부터 인간과 고등동물에 발생하는 감염성 질환으로 관심을 돌린 그는 1880년 가축이 잘 걸리는 전염병인 탄저병과 닭 콜레라에 대한 연구를 시작해 이 질병의 해결을 위한 예방접종법을 개발했다. 그리고 1885년에는 광견병 예방주사를 개발하기에 이르렀다.

각 분야에 걸쳐 수많은 공적을 이룬 그를 기념하고자 프랑스의 과학아카데미에서는 1888년 파스퇴르연구소를 설립하였으며 파스퇴르는 이 연구소의 초대 소장으로 취임했다. 이 연구소는 현재 프랑스는 물론 세계 의과학 연구의 중심지로써 역할을 수행하고 있다. 뇌출혈 위험에 늘 건강이 문제였던 파스퇴르는 1895년 73세로 세상을 떠난 후 연구소 지하에 묻혔으며 현재 연구소의 일부는 그를 기념하는 박물관으로 개조되어 관광객들을 맞고 있다. 프랑스가 낳은 19세기의 위대한 과학자인 파스퇴르가 영원히 사람들의 머릿속에 남게 된 것이다.

파스퇴르 덕분에 인류가 건강을 지킬 수 있었던 것인데 막상 파스퇴르 자신은 건강하지도 않았고 장애도 갖고 있었다.

제2 아인슈타인
스티븐 호킹

지체—물리학자—영국

　스티븐 호킹(Stephen William Hawking, 1942~) 하면 '빅뱅이론' 이니 '아기우주' 니 하는 학문적 업적보다 고개조차 스스로 가눌 수 없는 그의 루게릭병을 먼저 떠올린다. "루게릭병이 아니었더라도 지금 같은 물리학자가 되었을까." 라는 질문에 호킹은 "병에 걸리지 않았다면 읽고 쓰는 일에 지금같이 많은 시간이 걸리지 않았을 것이다. 그 대신 강연하고 시험 점수 매기느라 연구를 제대로 못했을 것이므로 결국 루게릭병이 나를 이론 물리학자로 만든 셈이다." 라고 답했다.

　휠체어에 기대 앉은 호킹이 움직일 수 있는 것이라고는 왼손의 손가락 두 개와 얼굴 근육 일부분이다. 폐렴으로 기관지 제거 수술을 받은 후 목소리마저 완전히 잃었다. 처음 목소리를 잃고 나서의 의사소통 방법은 비서가 옆에서 알파벳을 적은 카드를 들어 보이면 그중 원하는 카드에 눈썹을 들어올리는 것이었다. 현재는 휠체어 앞에 달린 컴퓨터를 이용한다. 커서가 2,600단어 위를 빠르게 움직이다 원하는 단어 위에 갔을 때 스위치를 누른다. 이렇게 겨우 한 문장을 만들면 음성합성기가 미국식 액센트로 소리를 만들어 낸다. 1분에 10개 단어가 고작이다.

　호킹은 옥스퍼드대학을 3년 만에 마치고 20세에 케임브리지대학 박사 과정에 갈 때만 해도 건강한 청년이었다. 조정선수로도 활약했다. 그러나 박사 공부를 할 때 그는 별다른 이유 없이 자꾸 넘어졌다. 풍토병을 연구하는 학자였던 아버지는 그를 전문의에게 데려갔다. 그리고 근육이 점점 수축되다가 마침내 심장 근육에까지 이르면 사망하는 루게릭병이라는 사실을 알게 되었다.

육체로 할 수 있는 모든 것을 잃고 언제 죽을지도 모르는 그에게 어떤 희망이 있을까? 그는 놀랍게도 전보다 행복해졌다며, "나는 사형선고를 받았고 지금은 집행유예 기간이다. 하고 싶은 일이 너무 많다." 라고 말한다.

　그의 몸이 악화되어 갈수록 밖에서 더 큰 명성을 얻었다. 아인슈타인이 일반상대성이론에서 예견했던 우주 '특이점'의 존재를 23세 때 박사 학위 논문에서 증명해 냈다. 32세 때는 영국학술원의 최연소 회원이 되면서 '제2의 아인슈타인' 이라는 수식어까지 얻었다. 1977년에는 케임브리지대학의 중력물리학 정교수로 임명됐다. 기관지 제거 수술을 한 지 3년 후인 1988년 『시간의 역사』를 펴내 세계적인 화제를 불러일으켰다. 20개국에서 2천만 부 이상 팔렸으며 미국 베스트셀러 차트에 55주 머물렀다. 호킹은 과학 분야에서 수십 개의 상을 휩쓸었다.

　스티븐 호킹은 "가능한 한 일상적으로 살려 하고 내 상태에 대해 생각하지 않으려 한다. 내가 할 수 없는 일에는 신경쓰지 않는다. 실제로는 못하는 일도 별로 없다." 라며 유머 감각과 여유를 잃지 않고 살아가고 있다.

해커의 원조는 시각장애인 조이 버블스

시각─프레커─미국

부정적인 의미로 사용되고 있는 해커라는 단어는 원래 나쁜 의미가 아니다. 컴퓨터 시스템에 심취해서 뛰어난 능력을 가진 사람을 뜻하는 단어이다. 그런 해커들 사이에서 신화적인 존재가 되고 있는 사람이 있다. 1949년 미국 버지니아주에서 태어나 샌프란시스코대학에서 수학을 전공한 조이 버블스(Joy Bubbles, 본명 Joe Engressia)인데 그는 IQ가 172나 되는 수재이다.

그런데 더 놀라운 것은 조이 버블스가 시각장애인이었다는 사실이다. 그는 4세 때부터 전화기에 집착해 전화 통신의 원리를 다 알고 있었는데 7세가 되던 1957년 신기한 경험을 하게 된다. 전화 리코딩이 특정한 음역의 휘파람을 불면 멈춰 버리는 것이었다. 그가 절대음감의 소유자여서 가능했던 일이다.

플로리다대학 철학과에 들어갔을 무렵 전화기에 휘파람을 부는 것만으로 장거리 전화를 무료로 이용할 수 있는 방법을 알려 주며 외국의 젊은이들과 토론하기를 즐겼다.

그 방법은 전화기에 대고 휘파람을 부는 것인데 초기 전화 시스템은 2600Hz 고주파 대역에서 이상 간섭을 일으켰기 때문에 휘파람으로 고주파를 만들었던 것이다. 이 기술은 프레킹(Phreaking)이라 불리는데 지금의 '해커' 집단의 뿌리가 된다. 당시 프레커로는 애플의 공동 창업자인 스티브 잡스도 있었다.

조이 버블스는 원리를 파악하는데 탁월한 능력을 갖고 있었기 때문에 애플 창업자인 스티브 잡스도 그를 찾아와서 조언을 구했다.

조이 버블스는 항공기 무선전신승인 자격증을 비롯해서 통신과 관련된 많은 자격증을 갖고 있을 만큼 통신 분야에 뛰어난 능력을 갖고 있었지만 시각장애로 후각이 뛰어나다고 동물 배설물 냄새를 제어하기 위한 냄새 감별 아르바이트 일을 하며 돈을 벌었다.

　　조이 버블스는 능력을 펼칠 기회도 없이 2007년 58세에 심부전증으로 세상을 떠났는데 세계해킹대회에서 그를 추모하는 행사를 열기도 했다.

우주 탐험의 단초를 마련한 청각장애인 과학자
콘스탄틴 치올콥스키

청각―우주공학자―프랑스

요즘은 각 나라에서 우주공학에 많은 투자를 하고 있지만 불과 200여 년 전만 해도 우주라는 것은 인간이 근접할 수 없는 미지의 세계였다. 1865년 프랑스 소설가 쥘 베른이 『지구에서 달까지』라는 작품을 발표했는데 모두 황당한 이야기라고 외면했다. 그런데 그 책을 읽고 우주 여행의 꿈을 꾸게 된 소년이 있었다. 바로, 우주공학의 아버지로 불리우는 러시아의 콘스탄틴 치올콥스키(Konstantin Eduardovich Tsiolkovskii)이다.

그는 1857년 랴잔주의 보롭스크에서 출생하여 건강한 어린 시절을 보내다가 9세 때 홍역으로 청력을 잃어 귀가 들리지 않게 되자 정규교육을 받지 못했다. 16세 때 모스크바로 가서 독학으로 물리학과 천문학을 공부하고, 22세에 교사 임용시험에 합격하여 고향의 중학교 교사가 되었다.

우주에 관심이 많던 그는 집에서 압축가스를 사용한 분사실험을 하며 혼자서 로켓 비행을 원리적으로 연구하여 그 내용을 몇 개의 과학·항공 잡지에 기고를 시작하였다. 1892년 칼루가의 학교로 전임된 후 본격적인 연구를 하여 1898년 대표적 논문 〈로켓에 의한 우주공간의 탐구〉를 발표하였다.

이 논문에서 로켓의 이상적인 도달 속도는 가스의 분출 속도에 비례하고, 로켓 발사 시와 연소 종료 시의 무게의 비, 즉 질량비(質量比)에 관련된다는 것을 밝혔다. 가스의 분출 속도를 높인다는 관점에서 액체추진제(液體推進劑)의 우수성도 논술되었다. 그의 연구가 인정을 받아 1919년 소련 과학아카데미 회원이 될 수 있었다.

소련의 스푸트니크 1호는 치올콥스키 탄생 100주년 기념으로 계획되어

1957년 10월 4일 발사되었다.

1935년 세상을 떠나기까지 우주비행에 관한 연구에 평생을 바친 그는 우주비행 이론의 개척자, 로켓과학 및 인공위성 연구의 선구자로 평가받고 있다. 세계 최초로 우주정거장에 대한 아이디어를 고안했고, 로켓 이론을 완성해서 우주선 발사 기술의 토대를 마련하여 오늘날 우주 탐험을 가능하게 만든 것은 청각장애인 과학자의 우주에 대한 꿈 때문이었다는 것을 꼭 기억했으면 한다.

발명왕
토마스 에디슨의 청각장애

청각—발명가—미국

토마스 에디슨(Thomas Alva Edison)은 오하이오주에서 태어난 발명가로 그의 발명은 매우 많아서 특허가 1,300여 가지나 되는 발명왕이다.

우리 주위에는 그에 의해 발명된 것이 많다. 축음기(1877), 영화(1888), 자동발신기(1874), 전화 송신기(1879), 전차의 실험(1881), 발전소(1882) 등이 있다. 그리고 에디슨 효과의 발견은 3극 진공판 발명의 기초가 되어, 라디오 발명의 길을 열어 준 과학에서의 중요한 발견이라 할 수 있다.

에디슨은 집안이 무척 어려웠기 때문에 학교 교육을 받은 것은 겨우 3개월 뿐이었다. 12세 때부터 철도에서 신문과 과자를 팔면서 화물차 칸에서 실험에 열중하였다. 그런데 실험을 하다 화재를 일으켜 차장에게 심하게 얻어맞은 후 귀에 청각장애가 생겨 그 후부터는 사람들과의 교제도 끊고 연구에만 몰두하기 시작하였다.

15세 때 역장집 아이의 생명을 구해 준 답례로 전신술(電信術)을 배우게 되어 전신수로 일하였다. 그 무렵 패러데이의 『전기학의 실험적 연구』라는 책을 읽고 깊은 감명을 받은 에디슨은 그는 그 책에 나오는 실험을 연구하다가 1868년에 전기 투표기록기를 발명하여 최초의 특허를 받았다.

1876년에는 멘로파크에 자기의 연구소를 만들어 체계적으로 연구를 하였는데 그의 일생을 통해서 볼 때 멘로파크에서 보낸 1876~1881년까지의 기간이 가장 창조력이 왕성하였다. 월가의 재벌들이 그의 특허를 손에 넣고자 서로 경쟁을 벌였다.

그의 연구 가운데 특히 중요한 것이 전구의 발명이었다. 세상에 새로운 빛을 만들어 주었으니 말이다. 에디슨은 전구 보급을 위하여 사업을 시작하였다. 1882년에 세계 최초의 중앙발전소와 에디슨 전기회사가 창립되었다. 그리고 1883년에 그가 전구 실험 중에 발견한 '에디슨 효과' 는 20세기에 들어와 열전자 현상으로써 연구되고, 진공관에 응용되어 전자산업 발달의 바탕이 되었다.

하지만 그의 회사는 전구의 특허권을 둘러싼 소송으로 많은 경제적인 손실을 보고 그 결과 그는 회사에서 물러나게 되었다. 그때 "나는 전구를 발명하였으나 전혀 이익을 보지 못했다." 라고 한 말에는 월가, 즉 독점자본으로부터 버림을 받게 된 그의 비통한 심경이 잘 나타나 있다.

그가 태어난 밀란의 생가는 사적으로 지정되어 있으며, 미시간주 디어본으로 옮겨진 멘로파크의 연구소와 웨스트오렌지의 연구소는 각각 박물관으로 남아 있다.

그는 "천재는 98%의 땀과 2%의 영감으로 만들어진다." 는 명언을 남겼는데 이 말에서 에디슨이 소리가 잘 안 들리는 자신의 핸디캡을 오히려 깊이 몰두할 수 있는 연구 능력으로 바꾼 피나는 노력가였음을 알 수 있다.

시각장애인 공학박사
T.V. 라만

시각—컴퓨터공학자—인도

인도에서 태어난 T.V. 라만(Raman, 1965~) 박사는 14세 때 녹내장을 앓은 뒤 시각장애를 갖게 되었다. 그 뒤 인도 푸네대학에서 수학 학사, 인도 공과대학에서 컴퓨터공학 석사 학위, 미국 코넬대학에서 컴퓨터공학으로 박사 학위를 받았다. 그의 박사 학위 논문은 전자문서를 음성화하는 것이다. 시각장애인들이 종이 문서로부터 눈을 뜨게 만든 장본인이다.

어도비시스템즈와 IBM 연구소 등을 거쳐 2005년부터는 세계 최대의 검색엔진 구글에서 웹 접근성 관련 기술과 인터페이스 개발을 주도하고 있다.

구글은 세계에서 가장 많은 정보를 이용자에게 빠르고, 편리하고, 정확하게 전달하려는 기치를 내건 검색 기업인데 이용자 가운데 불편을 느끼는 사람이 없도록 하기 위하여 라만은 16년 동안 컴퓨터공학 지식을 바탕으로 웹 접근성을 향상시키는 기술 개발에 몰두하고 있다.

T.V. 라만 박사는 "구글도 처음에는 장애인을 위한 기술을 개발하는 데서 출발했지만, 실제로는 이런 기술이 훨씬 더 많은 이용자에게 더 큰 혜택을 제공하는 결과를 낳게 됐다."라며 "기존 가정과 전제를 파괴하고 사고의 테두리를 넘어 창의적으로 생각하고 노력하니, 이용자에게 훨씬 유익한 보편적 기술을 낳았다."고 했다.

장애인이 편하면 비장애인은 더 편하게 이용할 수 있다는 것이 그의 지론이다.

제3부

—

사회

온몸으로 강연하는
닉 부이치치

지체―강연 강사―호주

닉 부이치치(Nick Vujicic, Nicholas James Vujicic)는 설교사이자 동기부여 연설가이며 지체장애인들을 위한 단체인 '사지 없는 인생(Life Without Limbs)'의 대표이다.

닉은 오스트레일리아에서 1982년 독실한 기독교 집안의 장남으로 사지가 없는 상태로 태어났다. 양팔과 양다리가 없고 두 개의 작은 발이 달려 있었는데 한쪽 발만 두 개의 발가락이 있었다. 처음 그의 부모가 아기를 보았을 때는 충격을 받았다고 한다.

닉의 인생은 어려움과 고난의 연속이었다. 호주법에 따라 장애인은 공립학교에 다닐 수 없게 되어 있어서 학교에 가지 못하는 동안 법이 바뀌었다. 그래서 닉은 공립학교의 첫 번째 장애를 가진 학생이 되었다.

닉은 왼쪽 발에 있는 두 개 발가락을 사용해 글씨를 쓸 수 있게 되었다. 또한 발뒤꿈치와 발가락을 이용해 타자 치는 법도 터득하여 공부를 하는 데는 지장이 없었으나 학교에서 집단 따돌림을 당해 심한 우울증에 빠져 10세 때부터 자살을 생각하게 된다.

그의 인생에 가장 큰 전환점은 그의 어머니가 중증장애를 극복한 남자에 대한 기사가 실린 신문을 보여 주었을 때이다. 그 기사를 보고 닉은 장애 때문에 어려움을 가진 사람이 자신 혼자만이 아니라는 사실을 깨닫게 된다. 닉은 21세에 회계학과 재무설계학 복수 전공으로 대학을 졸업하고, 희망을 주는 연설을 하기 위해 세계 여행을 시작한다. 그의 목표가 국제적인 영감을 주는 설교자가 되는 것이긴 하지만 기독교 단체뿐만 아니라 기업이나 회사에서도 연설을 하였다. 닉은 텔레비전 프로그램에 출연하거나

책을 집필하며 유명 인사가 되었다.

닉은 2008년 일본계의 카나에 미야하라를 만나 4년 만에 결혼을 하고 이듬해인 2013년에 건강한 아들 기요스 제임스를 낳아 행복한 가정을 꾸리고 있다.

점자를 창안한
루이 브라유

시각—교육자—프랑스

　루이 브라유(Louis Braille)는 1809년 프랑스 남부 쿠브레에서 태어났다. 아버지 시몽 브라유는 말에 장착하는 안장, 재갈 등의 말 장신구를 만드는 마구장이었다. 루이는 3세 때 아버지의 마구 작업실에서 송곳을 가지고 놀다가 왼쪽 눈이 찔리는 사고를 당해 한쪽 눈을 잃는데 이어 4세 때는 오른쪽 눈마저 감염으로 실명하였다. 그가 살았던 쿠브레 마을 성당 신부인 자크 파뢰의 도움으로 공부를 시작하여 10세 때에는 파리의 왕립맹아학교에 입학하였다. 당시 맹아학교에서 사용하던 문자는 맹아학교의 창시자인 발랑탱 아우이(Valentin Hauy)가 창안한 돋을 새김 문자로 시각장애인의 꿈의 문자로 알려져 있었다. 그러나 실제 글자를 표현한 것이었기 때문에 글자 크기가 7cm나 되어 시각장애인이 사용하기에 많은 문제점이 있었다.

　어느 날 왕립맹아학교에 손님이 찾아왔는데 그들은 시각장애 학생들에게 야간 문자라는 것을 소개하였다. 1821년 육군 포병 장교였던 샤를 바르비에(Charles Barbier) 대위가 소개한 야간 문자는 어둠 속에서 병사들에게 비밀리에 명령을 전달하기 위한 수단으로 만들어진 암호였는데 점으로 문자를 표시하는 전혀 새로운 방식의 글자였다. 샤를 바르비에는 이 야간 문자를 시각장애인들이 사용하면 좋을 것 같아서 맹아학교를 방문했던 것인데 시각장애 학생들 가운데 유난히 관심을 보인 학생이 바로 루이 브라유였다.

　이 야간 문자는 돋을 새김된 12개의 점을 사용하여 단어를 소리나는 대로 나누어 표시하는 방식이었는데 루이 브라유는 이 문자를 금세 익혔다.

어린 루이였지만 이 문자가 시각장애인에게 빛이 되어 줄 것이란 기쁨으로 가슴이 두근거렸다.

점으로 표시하는 문자를 익힌 루이는 이후 3년간의 연구 결과 단지 6개의 점만으로 알파벳 26글자를 모두 표시하는 새로운 방법을 고안하여 시각장애인이 쉽게 읽고 쓸 수도 있는 점자를 완성하였다. 그 점자 방식으로 오늘날 전 세계 시각장애인들이 책을 보며 공부를 할 수 있게 된 것이다.

파리 왕립맹아학교 졸업 후 루이는 같은 학교 교사로 부임하였지만 결핵으로 건강이 나빠졌고, 여러 차례 요양을 하였지만 건강이 호전되지 않아 1852년 폐결핵으로 43세의 젊은 나이에 사망하였다. 그의 점자가 상용화되어 루이 브라유의 업적이 높이 평가되자 100년이 지난 후 그의 유해는 프랑스 국립묘지인 팡테옹으로 옮겨졌다.

중국의 장애인 주석 등복방

지체—장애인 복지단체장—중국

중국 최고 실력자 등소평의 장남인 등복방(鄧樸方)은 1944년 사천(四川)에서 출생하여 북경대학 물리학도이던 문화혁명 당시 홍위병들이 학교 4층 창문 밖으로 집어던지는 바람에 척수 손상으로 하반신 마비 장애를 갖게 되었다. 등소평은 아들이 병원에서 치료를 받고 있는 동안, 아들을 위해 매일 손수 목욕을 시키고 옷을 갈아입히는 등 정성껏 보살폈다.

장애를 입은 아들에게 삶의 의미를 되찾아 주기 위해 아들이 가장 잘하는 가전제품 수리 일을 시키려고 집집마다 돌아다니며 고장난 가전제품을 수거하려고 했지만 당시 가난하였던 중국에 가전제품을 갖고 있는 가정이 없어서 실망하고 돌아왔다. 등복방은 아버지의 세심함과 따뜻한 사랑에 힘을 얻었다.

등복방은 캐나다에 가서 치료를 받은 적이 있는데 효과가 별로 없었다. 하지만 선진국의 발달한 의료와 재활 시설에 깊은 감동을 받았다.

1983년 그는 전국정치인민협상회의와 전국인민대표대회에 '중국장애인재활연구중심'과 '중국장애인복지공동모금회'를 설립하는 제안을 제출했다. 이 제안이 통과되어 중국의 장애인 사업이 본격적으로 시작됐다. 모금회가 설립되자마자 전국에서 장애인들이 편지를 보내고 찾아와 장애인의 취업, 입학, 차별 등 많은 문제를 하소연하였다. 장애인 문제를 지속적이고 효과적으로 해결하기 위하여 1988년 중국장애인연합회가 창립되어 등복방은 주석단주석(主席团主席)과 당조서기(党组书记)를 담당했다.

등복방 덕분에 중국장애인 복지가 빠른 속도로 발전되었다. 지금은 중국 각 지역에 중국장애인연합회의 지방조직이 있다. 또한 그가 이끌고 있는 중국장애인예술단은 시각, 청각, 지체장애 예술인들로 구성되어 있으며 미국, 일본, 체코 등 세계 각국에서 해외 공연을 하며 중국장애인에 대한 긍정적인 이미지를 심어 주고 있다.

이런 공로로 2003년 유엔본부에서 수여하는 유엔인권상을 받았는데 이 상을 받은 장애인은 등복방이 처음이다. 2005년 국제장애인올림픽위원회로부터 국제장애인올핌픽 훈장을 수훈하였다.

현재 등복방은 중국장애인연합회의 명예주석으로 영향력을 갖고 있다.

척추장애인 철학자
모제스 멘델스존
지체—사상가—독일

멘델스존(Moses Mendelssohn, 1729~1786)은 독일의 계몽사상가, 철학자, 라이프니츠-볼프학파 대표자의 한 사람으로 스피노자, 로크, 샤프츠베리, 라이프니츠, 볼프 등의 철학을 연구했다. 그는 레싱과 교우하고 칸트와 편지를 주고받았다. 계몽주의자로서 그는 종교상의 차이로 시민적 평등을 침해하는 것에 반대하고 신앙의 자유를 옹호했다. 철학의 과제는 일반인이 올바르다고 하는 것, 그중에서도 특히 신의 존재, 영혼의 불멸을 이성에 의해서 엄밀하게 증명하는 것이었다.

멘델스존은 척추장애인으로 외모가 왜소하고 얼굴도 못생겼다. 하지만 그의 사상은 많은 사람들의 마음을 얻었다. 특히 사랑하는 여인과 결혼하는데 성공한다. 어느 날 상인의 딸인 푸롬체를 보고 한눈에 반하지만 푸롬체는 멘델스존에게 차갑게 대했고 만나 주지도 않았다. 그런 푸롬체에게 멘델스존이 말한다.

"하느님께서 네 아내는 곱사등이라고 말씀하셔서 내가 하느님께 큰 소리로 외쳤습니다. '하느님, 여인을 곱사등이로 만드시는 것은 너무 가혹합니다. 차라리 저를 꼽추로 만들어 주십시오. 내 신부에게는 아름다움을 주십시오.' 라고 말입니다."

이 말에 감동을 받은 푸롬체는 그제야 멘델스존에게 눈길을 돌렸고, 그의 눈빛에서 진실을 느껴 사랑을 받아들이게 된다. 두 사람이 결혼을 했기에 아들 아브라함 멘델스존이 태어나 은행가로서 많은 부를 축적하였고 손자 펠릭스 멘델스존도 탄생하였다. 우리가 잘 알고 있는 멘델스존은 바로 결혼행진곡으로 유명한 19세기 독일 낭만파 음악가인 이 펠릭스 멘델스존인 것이다.

　모제스 멘델스존은 계몽주의자답게 인간의 이성을 중시했다. 이성적인 존재로서 신분, 종교, 종족을 초월한 인간의 평등을 강조하여 자신의 아들과 딸에게 수학과 물리는 물론 다양한 외국어까지도 똑같이 가르쳤다. 사람들에게 이성의 중요성을 일깨우던 모제스 멘델스존은 독일의 소크라테스라고도 불리고 있다.

선택의 강의로 어둠을 헤친
시나 리엔가

시각—교수—캐나다

시나 리엔가(Sheena Lyengar)는 1969년 캐나다 토론토에서 태어났으며 부모는 인도 이민자이다. 스탠퍼드대학에서 사회심리학 박사 학위를 받고 현재 콜롬비아대학 경영대학원에서 교수로 재직하고 있다.

시나는 고등학교 때 시력이 나빠지기 시작하여 지금은 빛조차 느껴지지 않는 시각장애인이다. 시나의 강의 주제는 '선택'으로 20년간 끊임없이 인기를 끌고 있다. 시나 교수의 미모도 그 인기에 한몫을 한다.

인간은 선택의 자유를 가지고 있지만 그 선택은 행복과는 무관하다고 한다. 어느 정도 이상의 돈을 벌면 오히려 부자들이 더 불행하다고 생각한다는 것이다. 또한 실패하든 성공하든 반성은 같다. 그래서 어떤 폭으로 선택을 해서 살아야 하는가를 제시하는 강의를 하고 있는데 그녀의 철학적인 사관은 저서를 통해 전 세계로 전파되었다.

인도 남자와 결혼한 시나 교수는 장애인의 결혼이야말로 중대한 선택이라고 말한다.

경제학의 아버지
아담 스미스의 외모 열등감
언어―경제학자―스코틀랜드

아담 스미스(Adam Smith)는 스코틀랜드 세관 관리 집안의 유복자로 태어나 평생을 독신으로 살았다. 1737년 글래스고대학에 입학한 그는 도덕철학 교수인 F. 해치슨에게 영향을 받았다. 옥스퍼드대학 밸리올 칼리지에서 공부한 뒤 1751년에 글래스고대학의 교수가 되었다.

해치슨 교수의 후임으로 도덕철학의 강의를 맡아 『도덕감정론: Theory of Moral Sentiments』(1759)이라는 저서를 발간하여 전 유럽에서 명성을 떨쳤다. 이 책에서 인간행위의 타당성을 제3자적 존재로서의 관찰자에 의한 동감 여부로 고찰하였다.

그 후 청년 공작 바클루의 개인교사로서 프랑스 여행에 동행하여 볼테르와 케네, 튀르고 등과 알게 되었는데, 특히 케네에게서 경제학상으로 큰 영향을 받았다. 귀국 뒤 커콜디에서 『국부론: An Inquiry into the Nature and Causes of the Wealth of Nations』 집필에 몰두하여 1776년 발표하였다.

그가 사망한 뒤 글래스고대학에서 강의했던 내용이 『글래스고대학 강의: Lectures on Justice, Police, Revenue and Arms』란 제목으로 1798에 출간되었다. 이 책은 당시 학생들의 필기장을 근거로 쓰여졌는데, 당시 그의 강의가 도덕철학의 강의이면서도 동시에 법학·경제학 분야에까지 걸쳐 있음을 보여 준다.

말년에 '경제학의 아버지'로 불리게 되었는데 근대 경제학, 마르크스 경제학은 스미스의 『국부론』으로부터 출발하였다. 『국부론』은 경제학을 처음으로 이론·역사·정책에 도입하여 체계적 과학으로 이룩하였고, 중상주의적 비판은 당시 영국의 자유통상 정책으로 구체화되었다. 중상주의 비판을 통하여 부(富)는 금·은만이 아닌 모든 생산물이라고 규정하고 노동의 생산성 향상이 국민 부의 증대라고 보아 생산에서의 분업을 중시하였다.

근대인의 이기심을 경제행위의 동기로 보고 이에 따른 경제행위는 '보이지 않는 손(invisible hand)'에 의해 종국적으로는 공공복지에 기여하게 된다고 생각하였다.

고전경제학의 창시자로 추앙받고 있는 아담 스미스는 특이한 외모를 갖고 있었다. 눈이 튀어 나오고 아랫입술이 돌출해 있었으며 말을 몹시 더듬었다. 그는 저서를 통해서만 아름다워질 수 있다고 말할 정도로 자신의 외모에 자신이 없었다고 한다.

스미스는 경제학을 배우지도 않았지만 자유시장의 경제체제를 최초로 규명하여 스미스의 말 한마디 한마디가 각국 정부의 경제 지침이 될 정도로 그는 18세기 영국을 비롯한 유럽 경제에 큰 영향을 미쳤는데 자신의 외모를 극복하기 위해 연구에 몰두하였던 것이 아담 스미스 자신을 최고의 이론가로 만들었다.

뇌성마비 철학자
알렉상드르 졸리앙

지체―철학자―스위스

우리가 꼭 기억했으면 하는 철학자가 있다. 알렉상드르 졸리앙 (Alexandre Jollien)은 1975년 스위스 사비에스에서 탯줄이 목에 감긴 채 태어났다. 그 후유증으로 뇌성마비를 갖게 되었는데 장애가 심하여 3세 때부터 17년간 장애인 요양시설에서 생활했다. 1998년 프라이부르크대학 인문학부에서 철학을, 2001년부터 2002년까지 더블린 트리니티대에서 철학과 고대 그리스를 공부했다. 2004년에 프라이부르크대학교에서 예술학 학사 학위를 받았다. 2004년 코린과 결혼했고, 현재 세 아이와 함께 살고 있다. 1999년에 쓴 첫 번째 책 『약자의 찬가』로 아카데미 프랑세즈의 문학창작 지원상 부문인 모따르상과 몽티옹 문학철학상을 수상했다. 그 후 『인간이라는 직업』, 『벌거벗은 철학자』, 『기쁨의철학』 등의 철학서로 큰 반향을 불러일으켰다.

졸리앙은 장애 때문에 생기는 인간적 갈증을 해소하고 싶어 철학에 빠졌다고 말한다. 한 신문사에서 졸리앙을 소개하면서 장애인 철학자로 소개한 것을 보고 우울해졌다. 자신의 글에서 장애의 증거만을 찾아내 기억하는 것이 두려웠기 때문이다. 하지만 지금은 장애를 숨기지 않고 장애가 자신을 성찰할 수 있는 계기가 되었다고 당당히 말하고 있다.

남들과 다르다는 이유로 생겨나는 고통의 문제를 풀기 위해 졸리앙은 지금도 철학적 사고를 계속하고 있다. 졸리앙은, 완전과 불완전은 개체를 비교함으로써 습관적으로 만들어 낸 개념이라고 했다. 비교를 하지 않으면 완전한 것도 불완전한 것도 없다. 비교를 해서 차이를 만들어 내기 때문에 결핍이 눈에 보이게 되고, 결핍 때문에 소외를 당하는 일이 생기는 것이라고 주장한다.

졸리앙은 또 이런 말도 했다. "나는 존재한다. 고로 나는 완벽하다." 라고 말이다. 존재한다는 것은 신성한 것이다. 그래서 완벽하다는 것이다. 따라서 존재하는 것을 놓고 완전하다, 불완전하다 평가해서는 안 된다. 졸리앙은 장애를 갖고 있기 때문에 장애인에 대한 인식을 철학적으로 풀어내지 않을까 싶은데 앞으로 졸리앙의 철학에 많은 관심을 가졌으면 한다.

베이컨 "아는 것이 힘이다.", 데카르트 "나는 생각한다. 고로 존재한다.", 소크라테스 "너 자신을 알라." 이런 명언과 함께 졸리앙의 "나는 존재한다. 고로 나는 완벽하다." 를 기억했으면 한다. 그러면 사람을 비교하며 평가하는 일은 없어질 것이다.

장애, 비장애 그것을 완전, 불완전으로 구분지어서는 안 된다는 것이 뇌성마비 철학자 졸리앙의 철학이다.

오체 불만족의
오토타케 히로타다
지체—교사—일본

오토타케 히로타다는 1976년 도쿄에서 팔과 다리가 없는 상태로 태어났다. 10센티미터 정도의 팔다리로 달리기, 야구, 농구, 수영 등을 즐기며 초·중·고등학교를 마치고 일본의 명문대학인 와세다대학 정경학부 정치학과를 졸업했다. TV 아사히의 〈Get! Sports〉 리포터로 활동하며 눈길을 끌었다. 자신의 이야기를 담은 책 『오체 불만족』을 펴내 베스트셀러를 기록하면서 많은 인기를 얻었다. 오토타케는 방송과 기고 그리고 저술활동으로 그 후 2005년 신주쿠 구의 '아이들의 바른생활 파트너'가 된 것을 시작으로 교육 분야에 관심을 갖고, 2007년 스기나미 구 스기나미 제4초등학교에서 3년 임기제 교사로 첫 근무를 시작해 교단에 섰다. 그는 2001년 대학 1년 후배와 결혼해 세간을 놀라게 했다. 사랑으로 장애의 벽을 뛰어넘은 두 사람의 얘기는 큰 화제를 불러일으켰다. 결혼한 지 7년 만인 2008년 드디어 건강한 아들을 낳아 오토타케는 아버지가 되었다.

2011년 동료 2명과 함께 보육시설을 운영하는 주식회사 '내추럴 스마일 재팬'을 설립하여 이사로 취임하고 첫 사업으로 도쿄 네리마구에 지역 보육원을 열었다. 이곳에는 기존의 보육원과 달리 건물에 카페나 갤러리를 설치해 주민과 원아들이 자연스럽게 교류하고, 지역 코디네이터라는 직함의 직원이 주민, 원아, 부모들이 참여하는 각종 프로그램을 운영한다.

세계적인 여성 장애인 지도자
장 하이디

지체—장애인 복지단체장—중국

2014년 폴란드 바르샤바에서 열린 세계재활협회(RI) 정기총회에서 중국 장애인연합회 장 하이디(Zhang Haidi) 주석이 회장에 선출됐다.

장 주석은 2016년 영국에서 개최될 제23차 RI세계대회까지 2년 동안은 당선자 신분으로서 다양한 경험 축적과 업무를 인수받게 되며 2016년 이후부터 4년 동안 실질적인 회장으로서의 역할을 맡는다.

장 하이디는 1955년에 중국 산둥성에서 태어났다. 5세 때 네 차례에 걸쳐 척추 종양제거 수술을 받은 후 하반신 마비로 휠체어를 사용한다. 장 하이디는 학교를 제대로 다닌 적이 없지만 혼자서 정치학과 문학, 의학에 관한 서적을 탐독했다. 영어, 일본어, 독일어 등을 배워 번역뿐 아니라 자신의 경험을 담은 소설을 출판하는 등 여류작가로도 활동하고 있다.

덩샤오핑(鄧小平)의 장남 덩푸팡(鄧樸方)이 1988년 설립한 중국장애인연합회 제5대 주석으로 2008년 선출되어 장애인 복지 지도자로 부각되기 시작하였다.

장 하이디는 인민정치협상회의(정협) 상무위원회 위원과 중국장애인올림픽위원회 위원장 등 정치, 체육, 문화 분야에서 왕성하게 활동하며 중국과 아시아 지역에서 존재감을 보였는데 세계재활협회 회장이 되면서 세계적인 인물로 발돋움하고 있다.

장애인 운동가
폴 롱모어를 기억하자
지체―인권운동가―미국

장애인 인권운동가 하면 폴 롱모어(Paul Longmore)를 떠올리는데 그는 소아마비로 두 다리는 물론 두 팔도 자유롭지 못했고 호흡도 곤란해서 호흡기를 달고 생활했다.

그는 장애인권운동의 역사, 미디어 및 문학에서의 장애에 관해서 기술한 장애 분야의 저명한 학자다. 1988년 그가 스텐퍼드대학 방문교수 시절 집필한 『조지 워싱턴의 발견』(Invention of George Washington)은 워싱턴 대통령이 가진 정치 의식과 대중에 비친 이미지에 대한 연구인데 이 책이 인기리에 팔리면서 인세를 많이 받게 되었지만 그 인세 때문에 하루아침에 모든 장애인 복지 서비스가 중단됐다. 그의 저작권료가 장애인 관련 혜택을 받을 수 있는 최저 개인소득 수준을 넘게 된 것이다. 그가 장애인 관련 서비스를 정부로부터 받기 위해서는 일 년에 만불 이하의 소득만 허용되었다.

롱모어는 10년의 노력 끝에 탄생시킨 책을 연방정부 건물 앞에서 불태워버렸다. 연방정부의 장애인 복지 정책은 장애인이 열심히 일하고 싶은 의지를 꺾어 무기력한 존재로 만들고 있다는 것이 그의 주장이었다. 그때부터 롱모어는 장애인 인권운동가로 세상에 알려지기 시작하였다.

폴 롱모어는 직접 전동휠체어를 타고 정부를 찾아다니며 잘못된 법의 개정과 새로운 장애인 정책을 마련할 것을 주문했다. 이후 소득 수준에 따라 장애인 관련 편의 서비스를 제한하고 있었던 미국 정부는 폴 롱모어의 투쟁으로 급기야 사회보장연금법을 개정하게 된다. 그동안 소득수준 제한으로 인하여 제공될 수 없었던 의료장비의 지원이나, 의료급여 지원,

활동보조인 지원 등 장애인 관련 복지 혜택을 소득수준과 관련 없이 계속해서 지원받을 수 있도록 한 것이다.

그는 샌프란시스코 주립대학 교수로 재직하며 역사학자로 또 장애인 인권운동가로 평생을 살다 2010년 64세의 많지 않은 나이에 세상을 떠났다. 장애인이 자기 인생의 주체자로서 하고 싶은 일을 하며 생산적으로 살아야 한다는 롱모어의 주장은 전 세계 장애인들에게 큰 울림을 주고 있다.

어둠 속에서 만든 언론의 대명사
퓰리처

시각—언론인—미국

언론의 대명사가 된 조셉 퓰리처(Joseph Pulitzer)가 장애를 갖고 있었다는 사실을 알고 있는 사람은 흔치 않을 것이다.

퓰리처는 헝가리에서 태어났는데 어렸을 때부터 군인이 되고 싶어 했지만 시력도 나쁘고 몸도 약해서 입대 신청서를 낼 때마다 번번이 거부를 당했다. 그러다 미국에서 남북전쟁이 일어났다는 소식을 듣고 미국 북군으로 자원입대를 해서 미국 생활을 시작한다.

1868년 세인트루이스에서 독일어 신문 『베스틀리헤 포스트』의 기자로 활약하다가, 1869년 미주리 주의회 의원으로서 정계에 진출하였다. 얼마 후 자기가 몸담았던 신문사 경영자가 되는데 1878년에는 파산 직전의 신문사 『세인트루이스 디스패치』를 사들여서 『세인트루이스 포스트』와 합병하여 『포스트 디스패치』로 새롭게 시작하여 경영에 성공한다.

1883년에는 다시 『뉴욕 월드』를 매수한 후 정치의 중립성을 내세워 사회 주요 문제들을 심층 보도하기 시작했는데 그것이 선풍적인 반응을 불러일으켜 미국 제일의 발행 부수를 자랑하기에 이르렀다. 그러나 그는 40대 초반인 1890년경부터 건강이 악화되어 마침내 시각을 잃고 실명을 하지만 그때부터 오히려 사회 공헌에 눈을 돌려 1903년 컬럼비아대학에 저널리스트 교육을 위한 기금으로 22,000달러를 기증하여 신문학부를 창설하였다. 그가 죽은 후 그의 유언에 따라 1917년 '퓰리처상'이 제정되는 등 언론 발달에 크게 기여하였다. 퓰리처의 빛나는 저널리즘 정신은 실명 속에서 일구어 냈다는 것을 알리고 싶다.

청력을 이용한 음악회사 CEO
토마스 솔리치

시각—사업가—미국

토마스 솔리치(Thomas Solich)는 초등학교 3학년 때부터 피아노를 배웠다. 그의 피아노 스승도 시각장애인 피아니스트인 니콜라스 콘스탄티니디스였다. 스승은 그에게 자신이 예전에 배웠던 것처럼 점자로 된 음악교본 읽는 법을 가르쳐 주었다.

솔리치는 2006년 베레아의 발드윈-월리스 음악학교(Baldwin-Wallace Conservatory of Music)를 졸업한 후 솔리치 피아노 음악회사(Solich Piano and Music Co)를 세웠다. 그는 가와이 피아노를 판매하고 있는데 사람들은 그의 사업이 실패할 것이라고 했지만 그는 '놀라운 사업상(Emerging Business)' 상을 받았다.

전 세계에서 오는 피아노들을 연주한 후 좋은 소리를 가진 피아노를 선별하는 일을 하는데 그의 청력을 필요로 하는 사람들이 많아서 성공한 것이다.

세계 장애인의 롤모델
헬렌 켈러
중복—사회사업가—미국

헬렌 켈러(Hellen Keller)는 1880년 앨라배마주에서 태어났다. 태어난 지 19개월이 되었을 때 성홍열을 앓아 목숨을 잃을 뻔하다 간신히 살아났으나 그 후유증으로 청각과 시각을 잃었다. 그녀의 부모는 알렉산더 그레이엄 벨의 권유로 보스턴에 있는 퍼킨스 맹아학교에서 앤 설리번을 헬렌의 가정교사로 모셔 온다. 앤 설리번의 교육으로 헬렌 켈러는 지적, 정신적으로 눈부신 성장을 이루었다. 발성법을 배워 말을 하는 기적을 보였을 뿐 아니라 1904년 래드클리프대학을 우수한 성적으로 졸업하였다.

헬렌 켈러는 미국 시각장애인을 위하여 모금운동을 벌이고 시각장애인을 위한 제도 마련을 위해 정치인들을 설득하는 등 자신의 일생을 장애인들을 위해 바쳤다. 이외에도 헬렌 켈러는 저술가, 여성인권 운동가로 활약하면서 세계 각국을 다니며 강연을 하면서 세계적인 유명 인사가 되었다. 그녀는 1968년에 세상을 떠났는데 그녀의 유골 단지는 워싱턴 D. C.의 미국 국립대성당에 안치되었다.

한 손으로 합장하는 승려 혜가

지체—승려—중국

달마의 법을 이은 2대 조사 혜가(慧可, 487~593)의 성은 희씨(姬氏)이다. 어머니가 이상한 광채가 집안에 비치는 꿈을 꾸고 그를 낳아 이름을 광광(光光)이라고 불렀다. 그는 30세에 향산사에서 출가하였다. 그가 출생한 시대는 중국이 남북조로 나뉜 복잡한 시기였다. 온 나라가 전쟁에 휩싸여 있었고 크고 작은 나라들이 난립하였다. 어려서부터 총명한 데다 용모가 수려해 부모의 자랑이던 그는 노장과 유학 사상을 깊이 공부했는데 특히 『시경』과 『역경』에 정통하였다. 그러나 철이 들면서 어지러운 세상살이에 염증을 느끼고 세속의 지식이 궁극적인 것이 아님을 깨달아 30세에 불문에 들어선다.

그가 출가한 곳은 낙양 용문의 향산사, 스승은 보정이었다. 불명 혜가를 받고 승려 생활을 하였는데 그의 학식과 인품, 덕성은 곧 널리 알려졌다. 마침내 혜가는 위나라의 국사 자리에까지 오른다. 국사란 왕을 보좌하며 국정을 함께하는 승려이다. 그는 문무백관이 지켜보는 가운데 왕실에서 매달 설법을 했다. 그러나 정작 그의 내면은 치솟는 번뇌의 불길 때문에 행복하지 않았다. 그러던 어느 날 혜가가 선정에 들었는데 홀연히 한 선인이 나타나 말했다.

"머지않아 과위(果位: 깨달음의 지위)를 얻을 그대가 어찌하여 여기에 막혀 있는가? 남쪽으로 가라."

이튿날 혜가는 머리가 터질 것처럼 아팠다.

이를 본 그의 스승 보정이 고치려 하자 하늘에서 큰 소리가 들렸다.

"지금 혜가는 뼈를 바꾸고 있는 중이다. 예사 아픔으로 생각하지 말아라."

　그제야 혜가는 스승에게 선인이 말한 바를 이야기했다.

　그러자 보정이 그에게 말했다.

　"네 얼굴이 길하고 상스러우니 반드시 얻는 바가 있으리라. '남쪽으로 가라' 함은 소림을 일컫는 것이니, 필시 달마대사가 너의 스승이리라."

　그는 나이 40세에 달마를 찾아가지만 제자로 받아 주기는커녕 돌아가라고 호통을 쳤다. 혜가가 비수를 꺼내 자신의 왼쪽 팔을 잘라 보임으로써 군센 발심의 의지를 보여 주자 달마가 비로소 혜가를 쳐다보았다.

　달마의 제자가 되어 목숨까지 버릴 각오로 공부하던 혜가도 부처님의 정법이 무엇인지 알 수 없었다.

　그는 너무 괴롭고 불안하여 스승 달마를 찾아가 문을 두드렸다.

　"제 마음이 편치 않습니다. 마음을 편안케 해 주십시오."

　"편치 않은 마음을 가져오너라. 그럼 내가 너의 마음을 편안케 해 주겠다."

　혜가는 스승께 사실대로 말했다.

　"아무리 찾아보아도 불안한 마음이 어디에 있는지 찾을 수가 없습니다."

　"내가 너의 마음을 이미 편안케 해 주었다."

　달마의 그 말은 혜가에게는 천둥이고, 번개였다. 혜가는 활짝 웃었다. 눈을 뜨면 항상 내가 있다는 착각에 빠져 불안했던 혜가는 달마의 이 안심법문을 통해 불생불멸의 진리를 깨달았던 것이다. 마침내 혜가는 붓다로부터 전해진 서천의 28대 달마의 법을 이어 받고 법의 증표로 부처님의 금란가사를 받아 달마를 초조로 하는 선종 2대 조사가 되었다.

혜가는 왼쪽 손이 없어 두 손을 모아 인사하는 불교식 합장을 할 수 없어서 한 손으로 인사를 하였는데 그 후 소림사에서는 승려들이 가사를 입을 때 왼쪽을 가리고 오른팔을 내놓았고, 한 손으로 합장을 하여 왼쪽 팔이 없었던 혜가를 기렸으며 그것이 지금까지 전해져 소림사 스님들은 한 손 합장을 하고 있다.

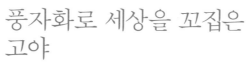

풍자화로 세상을 꼬집은 고야

청각─화가─프랑스

고야(Goyay Lucientes, Francisco Joséde 1746~1828)는 가난한 농부의 아들로 태어났는데 프랑스 대혁명에 심취하여 가톨릭의 위선을 꼬집었다. 처음에는 직물 공장의 벽걸이 밑그림을 그리는 정도였으나 프랑스 혁명이 일어나기 전 카를로스 4세 밑에서 궁정화가가 되었고 스페인에서 가장 큰 성공을 거둔 화가로서 인기를 누렸다. 1795년 왕립 아카데미 원장이 되었고, 1799년에는 수석 궁정화가가 되었다. 명예와 세속적 성공을 무척이나 좋아했지만 자신이 몸담았던 상류사회와 후원자들에 대한 그의 기록은 무자비할 정도로 신랄하다.

1792년에 열병을 앓고 청각장애인이 된 뒤 그의 예술은 새로운 특성을 나타냈는데, 자신의 예리한 눈과 비판적인 정신으로 관찰한 현실과 상상의 세계를 자유롭게 표현했다. 〈난파선〉, 〈역마차를 습격하는 강도들〉, 〈불〉 등의 재앙을 나타내는 작은 그림들을 그려서 편지와 함께 왕립 아카데미 부고문에게 보냈다. 1794년에 쓴 그 편지에는 "나는 주문 작품에서는 환상이나 창의력을 발휘할 수 없어 전혀 관찰하지 못했던 것을 지금은 관찰할 수 있습니다."라고 씌어 있다. 연작으로 그린 이 그림들은 〈정신병원〉으로 완성되었다. 이것은 고야가 사라고사에서 실제로 본 장면을 대담한 스케치 기법으로 그린 것으로 풍자화처럼 과장된 사실주의의 효과를 낸 작품이다.

그러나 그는 더 의도적이고 진지한 풍자를 위하여 능통해 있던 소묘와 판화를 이용하기 시작했다. 80점의 동판화로 이루어진 〈변덕〉에서 그는 풍자만화의 대중적 상상력을 이용하여 정치적·사회적·종교적 악습을 비판했으며, 수준 높은 독창성을 발휘했다. 색조의 효과를 높이기 위해 새로 개발한 애쿼틴트(aquatint) 기법을 능란하게 구사한 이 작품은 놀랄 만큼 극적인 생생함을 보여 주며 동판화의 역사에서 중요한 업적으로 남아 있다.

그는 친구와 관리들의 초상화를 많이 그렸는데, 더욱 폭넓은 기법과 아울러 성격묘사에 새로이 중점을 두었으며 특히 얼굴 묘사에는 성격을 꿰뚫어 보는 그의 예리한 통찰력이 잘 나타나 있다. 이 점은 〈도냐 이사벨 데 포르셀〉과 같은 여성의 초상화에서 특히 진가를 보여 준다. 〈카를로스 4세의 가족〉에서는 주요 인물들의 보기 흉하고 천박한 모습이 풍자화의 효과를 자아낼 정도로 아주 생생하게 묘사되어 있다.

무모한 도전을 일축시킨
니콜라스 매카시

지체-피아니스트-영국

니콜라스 매카시(Nicholas McCarthy)는 영국의 유명한 피아니스트인데 1989년 태어날 당시부터 오른팔의 팔꿈치 아랫부분이 없었던 이른바 한 손 피아니스트이다.

그는 엄격하고 까다로운 교육과정으로 유명한 영국왕립음악대학 130년 역사상 최초의 한 손 연주자 졸업생으로 대학을 졸업할 즈음 BBC 방송에도 출연을 하고 난 후 2012런던장애인올림픽 폐막식 때 피아노 연주를 하면서 영국 내에서 유명세를 탔다.

요리사를 꿈꿨던 매카시는 14세 때 베토벤의 곡을 연주하는 친구를 본 뒤 그 아름다운 피아노 선율에 반해 직업 피아니스트가 되기로 결심했다. 하지만 결코 쉬운 일이 아니었다. 가족 중에 음악을 하는 사람이 있었던 것도 아니고, 14세는 피아노 공부를 하기엔 너무 늦은 나이라는 우려가 많았다. 무엇보다도 그에게는 연주할 수 있는 손이 왼손 단 하나밖에 없다는 사실이 그의 결심을 무모하게 받아들이게 하였다.

특히 클래식 음악계의 사람들이 그의 꿈을 진지하게 받아들여 주지 않아 상처를 받았지만 그는 다른 사람들의 시선에 굴복하지 않았다. 스스로를 믿고 꾸준히 노력한 끝에 그는 차츰 두각을 나타낼 수 있었고 마침내 영국왕립음악대학에 입학해 직업 피아니스트로서 성장할 수 있었다.

다양한 청중을 감동시킨 피아니스트
니콜라스 콘스탄티니디스

시각—피아니스트—미국

니콜라스 콘스탄티니디스(Nicolas Constantinidis, 1947~)는 승리자로 전 세계에 알려진 피아니스트이다. 1955년 폴란드에서 열린 국제청소년음악회에서 입상함으로써 세계의 주목을 받기 시작한 그의 연주회는 매번 세계적인 주목을 받아 미국 교육방송, 영국 BBC, 스위스의 라디오 방송, 독일의 RIAS, 오스트리아의 비엔나 라디오 등에서 중계되었으며, 전 세계의 청중들과 비평가들에게 환호를 받았다.

그의 양친은 그리스인이며 이집트 카이로에서 태어났다. 런던왕립음악학교에서 리센티에트(유럽에서의 학사와 박사의 중간 학위)를 받고 졸업한 뒤에 미국 보스턴 왈라스대학에서 장학금을 받으며 음악학사를 받고, 클리블랜드 음대에서 음학석사 학위를 받았다.

바르샤바 콘서바토리의 최우수 디플로마를 받고 또한 쇼팽의 고향인 젤라로와 왈라에서 쇼팽곡으로 연주회를 개최하는 영광을 누렸다.

다양한 사람들과 쉽게 어우러지는 그의 매력은 세대와 문화의 장벽을 허물었으며 모든 청중에게 환희를 주었다.

4개국어를 능숙하게 구사했던 그는 자신이 시각장애인이라는 사실을 단지 불편할 뿐이라고 말하곤 했다. 시각장애인으로서 세계적인 피아니스트가 된 그에게 장애는 단지 하나의 생활 조건일 뿐이었다. 그는 연주 중에 지휘자를 꼭 쳐다봐야 할 부분이 있는데, 자신을 그렇게 할 수 없으니까 대신 지휘자에게 자신을 쳐다봐 달라고 했다. 물론 지휘자를 볼 수는 없었지만 느낌으로 알 수 있었기 때문에 아무런 문제가 없었다. 콘스탄티니디스는 1996년 미국 최고의 젊은이로 뽑혔다.

행위 예술의 진수를 보여 준
도로시아 랭

지체—사진작가—미국

도로시아 랭(Dorothea Lange, 1895~1965)은 미국의 보도 사진작가이다. 대공황 시대의 작품으로 유명해졌고, 문서 사진의 발전에 큰 영향을 주었다. 그녀는 독일계 이민 2세로 뉴저지주 호보컨에서 태어났는데 1902년에 소아마비로 오른쪽 다리에 장애를 갖게 되었다. 랭은 가난하여 학교에 가지 못하였고, 12세 때 아버지가 집에서 나가 집안은 더욱 어려워졌다.

사진에 관심이 많았던 랭은 뉴욕의 사진 스튜디오에서 견습생으로 일을 하며 사진을 배웠다. 1918년에 샌프란시스코로 옮겨 그곳에서 인물 사진 스튜디오를 열었다. 메이 나드 딕슨과 결혼하였지만 사진작가로서 야외 촬영에 몰두하였다.

그녀는 세계공황으로 거리로 쏟아져 나온 실업자와 노숙자의 처참한 모습을 카메라 렌즈에 담아 사회에 생생하게 알리는 역할을 하였는데, 그것으로 농업안정국(FSA)의 FSA 프로젝트에 참여하게 되었다. 1935년에 메이 나드와 이혼하고 UC 버클리대학 경제학과 교수인 폴 슈스타 테일러와 재혼했다. 그녀는 5년간 새 남편 폴이 탐문과 경제 통계를 조사하고, 자신이 사진을 찍는 형태로 지역의 빈곤과 기생지주제의 착취, 그리고 이주노동자에 관한 조사 연구를 실시했다.

1935년부터 1939년에 걸쳐 그녀의 활동은 소농과 농가, 이주노동자의 처지를 세상에 알리게 되었다. 그리고 그녀의 몸을 자르는 사진은 일약 이 시대를 대표하는 상징이 되었다.

도로시아 랭은 구겐하임상을 받으며 세계적인 명성을 얻었는데 그녀의 사진 작업은 돈을 벌기 위한 것이 아니라 정말 좋아서 거리로 나가 사진을 촬영하는 예술 행위였다.

절대 음감을 가진
레슬리 렘키

중복―피아니스트―미국

우리나라에도 알려져 있는 음악적 천재 레슬리 렘키(Leslie Lemke)는 1952년 뇌가 손상된 상태로 미국에서 태어났다. 레슬리의 부모는 뇌성마비에 녹내장까지 찾아와 시력을 상실한 레슬리를 입양시켰다. 레슬리를 양자로 맞이한 간호사 메이 렘키는 아들을 외부 자극으로부터 보호하기 위해 무척 애를 썼다.

2세 무렵 부쩍 심해진 뇌성마비 탓에 언어장애까지 갖게 된 레슬리가 희망을 본 건 5년 뒤였다. 양부모로부터 피아노를 선물 받은 때부터 레슬리의 인생은 달라졌다. 무표정한 얼굴에 늘 숨기 좋아했던 내성적인 레슬리는 피아노 앞에만 앉으면 활발한 아이로 변했다.

레슬리는 음악과 만나 활력을 찾아갔지만 몸을 뒤덮은 증세들은 호전되지 않았다. 1986년 당시 34세였던 레슬리는 중증지적장애로 학습능력이 7세 꼬마 수준이었지만 음악적으로는 천재로 평가받고 있다. 열 가지 악기를 자유롭게 다루는 데다 악보는 죄다 머릿속에 저장하고 있다. 라디오에서 방송한 45분짜리 오페라를 듣고는 자신의 피아노로 완벽하게 연주해 낼 정도로 그의 음악적 재능은 뛰어나다.

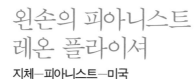

왼손의 피아니스트
레온 플라이셔

지체―피아니스트―미국

미국의 피아니스트 레온 플라이셔(Leon Fleisher)는 왼손의 피아니스트
란 별명을 갖고 있다. 정상을 향해 질주하면서 세계적인 명성을 얻고 있을
때인 37세에 오른쪽 손가락이 마비되는 긴장성 근육장애를 갖게 되어 피
아노를 포기해야 하는 위기에 처했지만 왼손을 위한 피아노 협주곡이 있
다는 것에 용기를 갖고 재기에 성공한다. 플라이셔는 "장애가 생긴 후 자
신의 음악 세계를 다시 돌아보게 됐다."고 했다.

플라이셔는 1928년 미국 샌프란시스코에서 태어났다. 10세 때 아르투르
슈나벨에게 인정되어 1938년부터 1939년에 걸쳐 이탈리아 코모 호반에 있
던 슈나벨 집에 들어가 가르침을 받았다.

1952년 벨기에 브뤼셀에서 개최된 퀸 엘리자베스 국제 콩쿨에서 처음으
로 피아노 부문이 실시되었는데 그때 플라이셔가 우승을 하였다. 1963년
에는 레온 키르히너의 〈피아노 협주곡 제2번〉의 초연을 담당하였다.

1965년 그의 오른손이 질환 때문에 쓸 수 없게 되자 라벨이 제1차 세계
대전에서 오른팔을 잃어 버린 피아니스트 비트겐슈타인을 위해 썼던 왼손
을 위한 작품을 레퍼토리로 삼게 된다. 1968년에 워싱턴의 시어터 챔버 플
레이어즈의 지휘자로서 지휘 활동을 시작하였다. 1959년부터는 피바디 음
악원에서 강의를 하고 있다.

우울한 천재 화가
로트레크

지체―화가―프랑스

툴루즈 로트레크(Toulouse Lautrec, 1864~1901)는 프랑스의 화가로 툴루즈의 구(舊) 명문 귀족의 아들로 태어났다. 본래 허약한 체질인 데다 소년 시절에 사고로 척추와 양쪽 다리에 장애를 갖게 되었다.

소년 시절에는 동물 그림을 많이 그렸다. 1882년 처음으로 보나에게 그림 공부를 시작하였고 이어서 코르몽에게 사사를 받았다. 드가, 고흐와 친교를 맺으며 강한 영향을 받았다. 그는 서커스 · 흥행장 · 놀이터 · 운동경기 · 무용장 · 초상화 등을 즐겨 그리고 포스터를 예술적 경지로 올려놓았다. 인상파에 속하고 유화 외에 파스텔 · 수채 · 석판에도 독특한 스타일을 창시하였다. 음주와 방탕으로 건강을 해쳐 요절하였다. 사후 1992년 출생지 알비에는 루즈 로트레크 미술관이 창설되었다.

주요 작품으로 〈물랭 드 라 갈레트〉, 〈춤추는 잔느아블리르〉, 〈물랭 루즈〉 등이 있다.

빛과 그림자의 마술사
루이스 칸

안면—건축가—미국

　건축 디자인계에서 루이스 칸(Louis Isadore Kahn)은 전설적인 인물이다. 칸은 빛과 그림자의 마술사로 불리는 독특한 건축양식을 보여 주고 있는데 안면장애를 갖고 있다. 칸은 1901년 발트해에 있는 에스토니아의 사아레마에서 가난한 유태인의 아들로 태어났다. 4세 때 가족과 함께 미국 필라델피아로 이주하여 1914년 미국 시민권을 얻었다. 어린 시절 너무 가난해서 목탄으로 그린 그림을 팔아 생활을 하던 중 사고로 얼굴에 화상을 입게 되었다. 얼굴의 절반 이상에 흉터가 있고 성홍열에 걸려 목소리에도 이상이 생겼다. 이런 장애 때문에 사람들과 잘 어울리지 않는 내성적인 성격이었는데 그는 혼자서 건축 미학에 빠지게 된다.

　칸은 1920년부터 1924년까지 필라델피아의 펜실베이니아대학에서 고전주의에 정통한 에콜 데 보자르식 건축을 공부하고 이어 유럽에서 고전 건축을 연구했다. 칸은 1937년 필라델피아에 자신의 개인 사무소를 개설하고 건축가로서 활동을 하게 되는데 빛과 그림자 라는 주제의 건축이 그를 위대한 건축가로 만들었다. 빛과 그림자는 그가 장애 때문에 겪어야 했던 절망과 그것을 뛰어넘었을 때의 희망을 표현하고 있다. 그러니까 루이스 칸을 전설적인 인물로 만든 것은 다름 아닌 장애라는 것을 알 수 있다.

　칸은 예일대학, MIT, 펜실베이니아대학 등에서 교수로 있으면서 예일대학 미술관 증축, 펜실베이니아대학 리처드 의학연구소 등을 설계하였다. 그의 나이 50세를 넘겨 이룬 이 건축물들로 인해 그는 비로소 세계적인 건축가의 반열에 이름을 올리게 되었다.

　칸은 인도, 파키스탄, 이스라엘, 이란 등 국제적으로 널리 작품 활동을 전개했다. 특히 방글라데시 국회의사당, 캘리포니아 소크 생물학연구소, 뉴햄프셔의 필립 엑서터 도서관, 포트워스의 킴벨 미술관 등이 칸의 대표작으로 손꼽힌다.

루이스 칸은 1974년 뉴욕의 펜실베이니아 기차역에서 심장마비로 숨을 거뒀다.

〈이상한 나라의 앨리스〉의
루이스 캐럴

언어—소설가—영국

   1932년 영국 출생인 루이스 캐럴(Lewis Carroll, 본명 Charles Lutwidge Dodgson, 1832~1898)은 옥스퍼드대학 수학과 교수였다. 언어와 청각장애가 있었던 그는 옥스퍼드 신학대학장이자 친구인 헨리 조지 리들의 막내딸인 열 살 난 앨리스 리들과 두 언니에게 이야기를 들려주는데 작품 속의 주인공은 바로 이 앨리스 리들이 모델이 된 것이다.

   1862년 4월 루이스 캐럴이 리들 학장 가족과 옥스퍼드에서 갓 스토우까지 테임즈 강을 따라 보트로 여행을 하면서 매일 저녁 세 자매에게 이야기를 들려주었는데 이 『이상한 나라의 앨리스』도 그 이야기 중의 하나이다. 이 이야기는 1865년에 출판되어 서점에 나오자마자 선풍적인 반응을 일으키며 베스트셀러가 되었다.

   루이스 캐럴은 말더듬에 한쪽 귀의 청력에 장애가 있는 데다 지나칠 정도로 내성적인 성격이어서 성직자의 자격이 있었음에도 평생토록 설교단에 서지 않았다고 한다. 루이스 캐럴의 본명은 찰스 루트위지 도지슨으로 1832년 영국 성공회 신부의 11남매 중 장남으로 태어났다. 그의 생애는 영국의 전성기였던 빅토리아 여왕의 통치 기간과도 거의 일치하는데 내성적이고 복잡한 성격 탓에 어린 소녀들을 사랑하면서 일생을 독신으로 지냈다.

   수학교수였지만 동화작가로 더 유명해진 루이스 캐럴은 왕성한 호기심으로 다방면에 걸쳐 연구를 했는데 역사, 희극, 언어, 논리학은 물론 아동문학과 사진에도 관심이 많았다. 당시에는 사진술이 발전되지 않은 터라 사진술은 매우 복잡한 첨단 기술이었다. 실제로 그는 직접 사진 스튜디오를 운영하면서 인물 사진작가로도 유명했는데 〈침대 위에서 잠자는 알렉산드라〉 같은 작품은 자연스러운 자세를 포착해 인물의 특징을 나타내는 기법을 개발한 것으로 인정받고 있다.

루이스 캐럴은 앨리스 리들에게 지나치게 관심을 보이는 것을 의심한 앨리스의 어머니 때문에 마음에 상처를 입고 대학교수를 그만두게 되지만 1872년에 발표된 『거울나라의 앨리스』란 책에서도 앨리스 리들은 보이지 않는 뮤즈로 다시 등장하고 있다.

빅토리아 시대의 대부분의 동화 작품이 도덕적 교훈을 내용으로 하고 있는 점에 비해 루이스 캐럴의 작품은 그 자신이 매우 도덕적이고 보수적이었음에도 불구하고 유머와 환상적인 내용을 바탕으로 하여 아이들에게 순수한 즐거움을 주었다. 때문에 그를 근대 아동문학 확립자의 한 사람으로 평가하기도 하는데 이 모든 것은 어린이를 아끼고 사랑한 그가 아이들을 기쁘게 해 주려던 마음에서 비롯된 것이라 볼 수 있다.

그는 루이스 캐럴이라는 필명을 씀으로써 학자이자 보수적인 인간으로서의 도지슨과 재미있고 환상적인 세계를 추구하는 감성적 존재로서의 루이스 캐럴을 엄격히 구별하려고 했겠지만 『이상한 나라의 앨리스』에는 다양한 수학 게임과 퍼즐, 논리적 역설, 수수께끼, 말놀이 등이 잘 나타나 있다. 어떤 의미에서 루이스 캐럴은 수학 레크레이션을 발전시킨 사람이기도 했다.

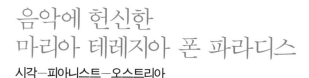

음악에 헌신한
마리아 테레지아 폰 파라디스

시각—피아니스트—오스트리아

마리아 테레지아 폰 파라디스(Maria Theresia von Paradis)는 1759년 오스트리아의 비엔나에서 태어났다. 아버지 조셉 안톤 파라디스는 오스트리아 합스부르그 왕조의 마지막 통치자 마리아 테레지아 여왕의 비서였는데 그녀가 태어나자 여왕은 아기의 이름을 마리아 테레지아라고 지어 주었다. 파라디스는 2세부터 시력을 잃기 시작하여 5세에는 완전히 실명하였고 그때부터 살리에리를 비롯하여 당대의 유명한 많은 음악가들에게 음악 공부를 하여 1775년부터 가수 겸 피아노 연주자로 비엔나에서 활동하였다. 듣기 능력과 기억력이 탁월하였던 파라디스는 모차르트, 하이든 등이 쓴 협주곡을 비롯하여 60곡 이상의 작품을 암기하여 그녀의 레퍼토리로 만들었다.

1783년 잘츠부르그에서 모차르트를 만나는 것을 시작하여 연주 여행을 떠난 그녀는 독일, 스위스 등을 거쳐 1784년에는 파리에서 14번의 연주회를 가졌으며, 그다음 해에는 런던에서 연주회를 열어 갈채를 받았다. 이 연주 여행 중에 작곡 활동도 시작하게 되는데 그녀의 작품 중에 유명한 것은 〈Sicilienne in E flat major for piano quartet〉이다. 이전까지는 자신의 연주 여행에서 연주할 목적으로 작품을 썼지만 1789년부터는 본격적인 작곡을 시작하여 오페라 〈칸타타〉 등의 작품을 남겼다. 1797년 오페라 〈Rinalco Und Alcina〉가 실패로 끝나자 그녀는 후배 양성 쪽으로 방향을 전환하여 1798년에는 비엔나에 음악원을 세우고 1824년 눈을 감을 때까지 그곳에서 학생들을 가르쳤다.

프랑스 음악의 거장
모리스 라벨

언어—작곡가—프랑스

　모리스 라벨(Maurice Ravel, 1875~1937)은 드뷔시에 버금가는 현대 프랑스 음악의 거장이다. 1889년 파리 음악원에 입학하여 화성을 배운 것 외에 피아노를 전공했다. 1901년에 유명한 로마대상의 콘테스트에 참가했으나 곡의 새로움은 심사위원의 이해를 얻지 못해 겨우 2등상을 받았을 뿐이다.

　이듬해와 그다음 해의 두 번에 걸쳐 콘테스트에 응했으나 역시 입선하지 못했다. 그러나 마침내 〈셰헤라짜데〉, 〈거울〉, 〈소나티네〉 등에 의해 확고한 지위를 얻었다. 제1차 세계대전에서 오른손을 잃은 전우 피아니스트 비트겐시타인을 위해서 쓴 〈왼손을 위한 피아노 협주곡〉은 라벨 자신의 지휘로 1931년에 연주되었다. 그는 평생 독신으로 살았으며 실어증으로 말을 하지 못하였다. 〈물의 유희〉는 맑은 리듬으로 음악치료에 사용되고 있다.

　많은 사랑을 받고 있는 라벨의 왈츠는 작곡가 이름을 알리지 않았을 때는 혹평을 당했지만 작곡가가 라벨이라는 것을 알고 호평을 받은 바 있어 관객들은 이름을 보고 작품을 평가한다는 것을 알 수 있다.

르네상스 최대 시인의
밀턴
시각—시인—영국

　밀턴(John Milton, 1608~1674)은 영국의 대표적인 시인이다. 그는 런던의 부유한 공중인의 아들로 태어나 켐브리지대학 재학 시절 귀부인이라는 별명을 얻을 정도로 용모가 뛰어났다고 한다. 그는 대학 시절 이미 천재성을 발휘하여 〈그리스도 탄생의 아침〉이라는 작품을 썼고, 졸업 후 전원에서 고전, 수학 등을 연구하였다. 1637년 이탈리아를 여행하고, 1639년 귀국, 국교회에 대항하여 청교주의를 받들고 크롬웰을 지지하였다. 청교도 혁명이 일어난 뒤 한때 관직에 있었으나 왕정복고 후 추방되고 과로로 인해 실명한 채(1652) 작품에 몰두하였다.

　그는 처형만은 면했지만 세상에서 버림받아 재산도 잃고 눈도 잃어 실의와 고독 속에서 가슴속에 있는 응어리를 쏟아 내었는데 눈이 보이지 않아 6세 된 딸이 받아 적었다. 이런 고난 속에서 1667년 불후의 대작 『실락원』을 발표하여 영문학상 유일한 세계적 서사시가 되어 후세에 지대한 영향을 끼쳤으며, 이어 『투사 삼손』, 실락원의 속편격인 걸작 『복락원』 등의 작품을 남겼다. 그는 청교도적인 사상을 고전에 대한 깊은 이해와 문예부흥의 전통에 입각한 걸작들을 연달아 써서 영문학상 최대의 시인으로 남았다.

낭만파 시인의 대명사
바이런

지체—시인—영국

바이런(George Gordon Byron, 1788~1824)은 영국의 세계적 낭만파 시인으로 런던의 귀족 집안에서 출생하여 어려서부터 훌륭한 글재주로 주위의 칭찬을 받으며 성장했다. 캠브리지대학에 입학하여 역사와 문학을 전공했다. 1807년 〈게으른 날들〉을 발표했으나 평판이 좋지 않았고, 졸업한 뒤 무질서한 생활을 계속하다 유럽을 여행하고 돌아와 견문기 『차일드 헤럴드의 여행』을 출판하고서 일약 유명해졌다. 계속하여 〈해적 라라〉 등의 많은 시를 발표하였으나 부인 문제 등으로 비난을 받고 다시 유럽 여행에 올랐다.

그는 『돈환』 등 유명한 작품을 계속 발표하여 19세기 낭만파의 대표적인 작가가 되었다. 항상 그리스 문화를 사랑했던 그는 23년 그리스 독립전쟁에 참여해 독립군에게 사기를 북돋아 주었는데 〈오늘 나는 36세가 되었다〉는 시를 마지막으로 말라리아 병에 걸려 사망했다. 그는 다리를 절었으나 언제나 자기 자신을 노래하고 사랑하는 시를 쓴 시인으로서 자유롭게 살다 간 낭만주의자였다.

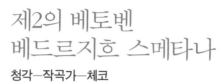

제2의 베토벤
베드르지흐 스메타나

청각—작곡가—체코

베드르지흐 스메타나(Bedřich Smetana, 1824~1884)는 체코슬로바키아의 작곡가로 보헤미아의 리토미실에서 출생하였다. 아버지는 맥주 양조업자로 그의 반대를 무릅쓰고 일찍이 프라하에 나가 프록시에게 피아노와 음악이론을 배웠다. 어릴 때부터 피아노 연주에 뛰어나 한때는 피아노 연주자가 될 것을 꿈꾸었으나 1848년 오스트리아 2월혁명의 여파로 프라하에도 6월에 혁명운동이 일어나 이에 가담하였다. 그리고 오스트리아의 지배하에 놓인 체코슬로바키아 민족으로서의 의식에 눈떠 민족운동에서의 작곡가의 역할을 새삼 자각하게 되었다.

혁명 실패 후의 가혹한 억압 시대에는 스웨덴으로 건너가 5년간 에보리에 머물면서 지휘자 · 작곡가 · 피아니스트로서의 발자취를 남겼다. 1860년대 오스트리아 정부의 탄압이 느슨해지자 체코슬로바키아 민족운동이 되살아났고, 그도 귀국하여 이 민족운동의 선두에 서서 지휘자 · 작곡가 · 평론가로서 활동하기 시작하였다. 1862년 체코슬로바키아 국민극장의 전신인 가극장(假劇場)이 프라하에 건립되자 이 극장을 위해 작곡한 오페라 〈팔려간 신부〉를 상연하여 큰 성공을 거두고, 그해 가을에는 이 가극장의 지휘자로 임명되어 활발한 활동을 전개하였으나 50세의 한창 나이에 숙환인 환청이 악화되어 10월에는 귀가 전혀 들리지 않게 되었다.

이로 인해 그는 모든 공적 활동을 중지하고 프라하 교외에 은퇴하였다. 그는 오페라에 민족적 제재를 많이 사용하고 음악에는 폴카, 프리안트 등 민족무용의 리듬을 많이 도입하였으나 국민오페라에서는 민요를 도입하지 않고 정신 면에서 체코적인 요소를 만들어 나가는 데 전념하였다. 또 교향

시에는 리스트 등 신독일파의 수법을 도입하여 민족적인 음악을 창조하는
데 성공하였다. 주요 작품으로는 〈국민의용군행진곡〉, 〈자유의 노래〉 등이
있고, 오페라에는 〈보헤미아의 브란덴부르크가의 사람들〉, 〈달리보르〉, 〈리
부세〉, 〈두 명의 홀아비〉 등이 있다. 만년의 작품으로는 연작 교향시 〈나의
조국〉, 현악 4중주곡 〈나의 생애로부터 〉 등이 있다.

악성
베토벤의 청각장애
청각─작곡가─독일

　루드비히 반 베토벤(Ludwig van Beethoven)은 1770년 독일 라인 강변의 본에서 태어났으나 1827년 35세로 짧은 생을 빈에서 마쳤다. 할아버지와 아버지가 모두 음악가였던 만큼, 그는 어려서부터 음악에 뛰어난 재능을 보여 14세 때 궁정 예배당의 오르간 연주자로 임명되었다.

　그 후 17세에 빈에서 온 발트시타인 백작의 추천으로 빈에 가서 하이든으로부터 음악을 배웠다. 그는 대단한 노력가였고, 겉으로만 아름답고 화려한 것은 싫어했으며 마음속의 감동을 중시하였다. 처음에는 뛰어난 피아니스트로서 빈의 귀족 사회에서 환대받았다. 그 후 유력한 출판자를 만나 잇달아 작곡한 작품이 출판되었으나, 26세에 시작된 난청이 심해져 나중에는 전혀 귀가 들리지 않게 되어 만년에는 많은 고통을 받았고 고독한 생활을 보냈다. 그러나 그의 창작은 이 병마에도 아랑곳없이 오히려 고뇌와 함께 심오함을 더해 가서 음악의 낭만주의에로의 문을 활짝 열어 놓았다. 평생 공직에는 있은 적이 없고, 귀족의 지지는 받았지만 결코 종속되지는 않았다. 그의 음악이야말로 운명에의 반항이며, 투쟁이며, 승리에의 구가였다.

　1800년대에 시작되는 그의 중기는 최대의 비극, 즉 귓병의 증상이 나타나기 시작하여, 32세 때 자살을 시도하였다. 그때 쓴 유서가 유명한 하일리겐시타트의 유서이다. 인류를 위해 작곡하는 것이 신에게 주어진 사명이라고 생각하여 음악가로서는 가장 치명적인 청각장애 속에서 음악을 계속한다. 그러나 차차 세속과의 교섭이 끊어짐에 따라 그는 자기의 내면 세계로 침잠해서 피아노 소나타, 현악 4중주곡 〈장엄 미사〉, 교향곡 9번 〈합창〉 등 정신적으로 깊이가 있고, 또 때로는 신비적인 후기의 작풍으로 옮겨 갔다. 고전적인 초기, 정열적이고 격렬한 중기, 그리고 정신적으로 고고해진 후기의 작품은 인생의 거친 물결을 견뎌 내고 독일이 낳은 최고의 작곡가로 고전파 음악의 완성자로 생을 마감한 베토벤 그 자신의 일생과 닮아 있다.

타는 듯한 색채의
빈센트 반 고흐

정신―화가―네덜란드

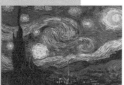

　빈센트 반 고흐(Vincent van Gogh, 1853~1890)는 네덜란드 출신으로 목사의 아들로 태어나 화상 구필의 조수로 헤이그, 런던, 파리에서 일하고 이어서 영국에서 학교 교사, 벨기에의 보리나주 탄광에서 전도사로 있으며 화가에 뜻을 두었다. 그때 그린 그림이 〈감자를 먹는 사람들〉이다.

　네덜란드 시절에는 어두운 색채로 비참한 주제가 특징적이었다. 그 후 파리에서 인상파, 신인상파의 영향을 받는다. 이상할 정도로 꼼꼼한 필촉(筆觸)과 타는 듯한 색채에 의해 반 고흐 특유의 화풍을 전개시킨다. 주작품은 〈해바라기〉, 〈아를르의 침실〉, 〈의사 가셰의 초상〉 등이 있다.

　아를르에서 고갱과의 공동생활 중 병의 발작에 의해서 자기의 왼쪽 귀를 자르는 사건을 일으켜 정신병원에 입원하였었고 계속되는 생 레미 시대에도 정신병원 입퇴원의 생활을 되풀이한다. 파리 근교의 오베르 쉬르 우아즈에 정착했으나 권총으로 자살했다. 생전에는 극히 소수의 사람에게만 평가되었다. 동생 테오와 지인들에게 보낸 방대한 양의 편지는 서간문학으로써 중요하다. 오테를로의 크뢸러 뮐러 미술관, 암스테르담의 반 고흐 미술관 등에 주요 작품들이 소장되어 있다.

중국 최고의 역사가
사마천

성장애―역사작가―중국

　사마천(司馬遷, B.C. 145~186)은 중국 전한시대의 역사가인데 그에 대한 자료는 매우 희박하다. 그는 부친 사망 후 그 뒤를 이어 태사령(太史令)이 되었다. 기원전 104년 공손경 등과 함께 태초력(太初曆)을 재정하여 후세 역세(曆歲)의 기초를 이루었다. 기원전 98년 한나라 장군 이능이 흉노에 항복한 것을 변호하다가 황제의 분노를 사서 궁형에 처해졌다.

　궁형은 남자의 고환을 썩히는 형벌인데 당시 사람들은 이 형벌을 아주 치욕스러워했다. 궁형을 당한 사람은 사람들의 손가락질을 받았지만 궁형 대신 사형을 택한 죄인은 죽어서도 칭찬을 들었다. 그렇다 보니 사마천의 선택에 대해 많은 사람들의 비난이 쏟아졌지만 그는 통분을 삭이며 사기를 집필하였다. 사마천 집안은 대대로 사관을 지냈는데 아버지 사마담이 죽기 전에 당시 36세의 아들인 사마천에게 상고 이래의 역사를 쓰라는 유언을 남긴다. 억울하게 죽음을 당한 아버지의 평생의 꿈이었기에 사마천은 죽음을 택할 수가 없었던 것이다. 사마천이 사기를 완성할 무렵 한나라 무제는 사마천에게 중서알자령이라는 벼슬을 주었다.

　사마천이 쓴 『사기(史記)』는 상고 이래로 한나라 초기에 이르기까지의 역사가 담긴 역사서이다. 열전의 형식은 사마천이 창안한 독특한 서술형식인데 인물 하나를 하나의 완성된 전의 형태로 제시하였다. 사기는 역사뿐만 아니라 고대 동양 사회의 문화와 제도, 사상, 무엇보다도 인간이 녹아 있는 종합서이다.

〈인간의 굴레〉의
서머셋 모옴

언어—소설가—영국

『달과 6펜스』로 유명한 작가 서머셋 모옴(William Somerset Maugham, 1874~1965)은 1874년 파리 주재 영국 대사관 고문 변호사의 아들로 파리에서 출생하였다. 8세 때 어머니를 여의고 10세 때는 아버지마저 돌아가시자 모옴은 목사인 숙부의 집으로 가서 자라게 된다. 이곳에서 보낸 그의 소년 시절은 자전적 소설인 『인간의 굴레』에서 묘사된 것처럼 매우 불행하고 고독했다.

독일로 유학을 갔던 모옴은 그곳에서 생활하면서 예술에 대한 호기심과 문학에 대한 눈을 뜨게 되었다. 그리하여 작가가 되기로 결심을 하고 영국으로 돌아오나 숙부에게는 차마 그의 뜻을 말하지 못한다. 그는 생활을 꾸려 나가기 위해 성 토머스 병원의 부속 의과대학에 입학하고 그곳에서 의사 자격증을 딴다. 그 후 10년 동안 그는 장편, 단편, 희곡 등 많은 작품을 썼지만 이렇다 할 성과를 얻지는 못했다. 그러다가 1908년 희곡 〈프레더릭 부인〉이 큰 성공을 거둠으로써 이름을 얻었다. 그 후 4년 동안 그는 유명 극작가로서 런던의 사교계를 드나들며 여유로운 생활을 하게 된다. 그러나 1912년경부터는 극작까지 중단하고 자신의 가슴속에 응어리진 어린 시절의 고독과 그의 삶을 소설로 구성하기 시작한다. 그리하여 2년 만에 완성한 것이 장편소설 『인간의 굴레』이다.

1915년에 발표된 이 소설은 발표 당시에는 사람들에게 별 호응을 얻지 못하였다. 1919년 폴 고갱을 모델로 하여 쓴 『달과 6펜스』를 발표하여 일약 스타가 되었다. 미국에 이어 프랑스에서 순식간에 베스트셀러에 오르자 그동안 별 반응을 보이지 않았던 『인간의 굴레』도 새로운 평가를 받게 되었다.

　모옴은 말을 몹시 더듬는 언어장애를 갖고 있어 독자들과 편지를 통해
만났고 기자 인터뷰를 피해 다녔다고 한다.

〈돈키호테〉처럼 살다 간 세르반테스

지체―소설가―스페인

세르반테스(Miguel de Cervantes Saavedra, 1547~1616)는 스페인의 수도 마드리드에서 1547년에 태어났다. 아버지는 의사이고, 어머니는 귀족 출신이었는데 생활은 매우 어려웠다. 때문에 세르반테스는 학교에도 제대로 다니지 못했다. 16세기 에스파니아는 문화가 발달되어 전 세계가 모방할 정도였다. 세르반테스는 문화 분야뿐 아니라 정치, 경제적으로 에스파니아가 세계를 제패하던 시절에 살았다. 또한 17세기 초 세르반테스가 『돈키호테』를 발표할 무렵에는 유쾌한 풍자문학과 익살을 담은 대화와 극, 시가 번성했다.

세르반테스는 어릴 때부터 예수회에서 교육을 받았는데 친구에게 상처를 입히는 결투를 한 뒤 로마로 도피했다. 귀국 후 세르반테스는 군인이 되어 레판토 해전에 참가했다. 이때 세르반테스는 가슴과 왼팔을 다쳤는데 이 부상으로 한쪽 팔을 쓰지 못하는 장애인이 되었다.

몇 년 뒤인 1573년에는 튀니스 싸움에 참가하고 귀국하다가 터키군의 포로가 되어 5년 동안 옥살이를 하였다. 세르반테스는 이때 네 번이나 탈옥을 시도하였는데 모두 실패했다. 그러나 그러한 실패는 각계각층의 인물과 사귈 수 있는 계기가 되었으며 이것은 뒷날 『돈키호테』를 쓰는 데 있어 큰 도움이 되었다.

다시 마드리드로 돌아온 그는 생활이 너무 어려워 물가가 싼 남미로 가려고 애를 썼으나 모두 허사로 돌아갔다. 할 수 없이 스페인 남쪽 지방을 돌아다니며 겨우 생활을 꾸려 나갔다. 그 고난 속에서 1584년에 결혼한 후 소설을 비롯한 30편의 희곡을 썼다. 하지만 성공을 거두지는 못했다.

세르반테스는 이렇듯 시도하는 일마다 실패에 실패를 거듭하였다.

1602년에는 누명을 쓰고 옥에 갇히는가 하면 풍운아로서 밑바닥 생활을 체험했다. 가난뱅이 세르반테스가 한 가지 성공을 한 것이 있다면 그것은 바로 작품 『돈키호테』이다. 『돈키호테』는 1, 2부 두 권으로 되어 있는데 2부는 1부가 발표된 후 11년 뒤에 완성되었다. 그러나 돈키호테가 큰 호응을 얻으며 성공했음에도 불구하고 세르반테스는 죽을 때까지 가난을 면치 못했다.

『돈키호테』 외의 세르반테스의 작품으로는 12개의 단편을 묶은 모험소설집과 희곡집이 있으며 시집으로는 『파르나소산의 여행』이 있다. 고난과 실패를 겪으며 되는 일이 하나도 없던 세르반테스에게 『돈키호테』는 구원이었다. 이 소설처럼 세르반테스는 낙천적으로 실패와 고난의 인생을 이어 갔던 것이다.

20세기 최고의 문호
세익스피어

지체─희곡작가─영국

세익스피어(William Shakespeare, 1564~1616)는 영국 최대의 문호이다. 세익스피어는 아름다운 자연에 둘러싸인 영국의 전형적인 소읍 스트레스포드에서 장남으로 태어났다. 부친 존 세익스피어는 농산물 판매 사업으로 부유한 경제 기반을 잡는 데 성공하여 이 고장의 행정에 깊이 관여한 유명 인사였다. 부유한 부친으로 인해 그는 비교적 풍족한 어린 시절을 보냈지만 13~14세에 부친의 사업 부진과 법원의 소송 문제 등으로 가세가 기울어 부득이 학업을 중단하고 집안 일을 도울 수밖에는 없는 상황이 되었다.

그는 18세 되던 해에 여덟 살 연상인 앤 해더웨이와 결혼하여 3남매를 낳고 런던으로 간다. 그곳에서 여러 잡역을 하다가 희극역 배우, 극작가로 성공한다. 1590년을 전후한 시대는 엘리자베스 1세 여왕의 치하에서 국운이 융성한 때였으므로 문화 면에서도 고도의 창조적 잠재력이 요구되던 때였다. 그런 이유로 그는 엘리자베스 여왕과 제임스 1세의 후대를 받아 재질을 더욱 빛낼 수 있었다.

1590년대 초 런던의 극장이 질병의 유행으로 인해 일시적으로 폐쇄된 적이 있는데 이것은 그에게 본격적인 집필 활동을 할 수 있는 기회가 되었다. 그리하여 최초로 그의 이름을 붙인 작품집 『비너스와 아도니스』가 출판되었으며 그의 소네트 대부분도 이 시기에 씌어진 것이다.

극작가로서의 세익스피어의 활동기는 1590~1613년까지 대략 24년 간으로 볼 수 있으며 그는 이 기간에 모두 37편의 작품을 발표하였다. 그의 작품을 시기적으로 분류해 보면 초기에는 습작적 경향이 보였으나 영국

사기를 중심으로 한 역사극에 집중하던 시기, 낭만 희극을 쓰던 시기, 화해의 경지를 보여 주던 로맨스극 시기로 나눌 수 있다. 그가 다른 작가와 다른 점은 이처럼 시대적 구획이 뚜렷하게 구분된다는 점이다.

그의 작품이 한층 깊이를 더한 것은 낭만 희극을 쓰고 난 뒤 비극의 작품을 쓰면서부터였다. 4대 비극 〈햄릿〉, 〈오셀로〉, 〈리어왕〉, 〈멕베스〉는 세익스피어 문학의 절정이자 세계문학의 금자탑이라는 평가를 받고 있다.

세익스피어는 안짱다리로 걸음이 불편한 지체장애를 갖고 있었고, 성격이 내성적이라 혼자서 조용히 작품을 집필하는 것을 좋아했다. 런던에서 유명해지자 사람들을 피해 고향으로 내려가 평화로운 여생을 보내다가 1616년 54세의 일기로 세상을 떠났다.

첫 여성 노벨문학상 수상자
셀마 라게를뢰프

지체―소설가―스웨덴

1858년 스웨덴 베름란드주에서 출생한 셀마 라게를뢰프(Selma Ottilia Lovisa Lagerlöf, 1858~1940)는 명문인 모르바카 집안에서 태어났으나 다리의 장애 때문에 집에서 가정교사를 두고 교육을 받았다. 퇴역 군인으로 문학 애호가인 아버지, 애정 깊은 어머니, 향토의 전설에 밝은 할머니와의 사이에서 아름다운 자연을 대하며 자란 그녀는 일찍부터 문학에 친숙하였다.

그러나 파산으로 집안 사정이 어려워져 24세에 여자고등사범학교에 입학하고, 졸업 후에는 초등학교 교원을 하면서 창작에 전념하던 그녀가 향토의 전설에서 취재한 〈예스타 베를링 이야기〉가 부인잡지 『이둔』의 현상모집에 입선함으로써, 일약 문단의 총아로 데뷔하였다.

그녀의 작품 주제는 주로 향토에서 전승되는 민간설화나 초자연적인 일에서 영감을 얻은 것들이었는데, 특히 향토의 전통 있는 광산이나 농원이 근대 산업주의 시대로 접어들면서 망해 가는 모습을 보고 큰 충격을 받았다. 그녀가 출생한 모르바카 집안의 농원이 남의 손으로 넘어가는 비운을 그린 작품이 바로 『예스타 베를링 이야기』이다.

단편집 『보이지 않는 굴레』, 『안티크리스트의 기적』, 중편 『지주 이야기』, 대작인 『예루살렘』 등을 잇달아 발표하였다. 그녀의 작품에는 어느 것에나 모성적인 선의와 사랑으로 가득 차고, 현실과 꿈이 섞여 있어 감미로운 환상 세계를 펼쳐내고 있다.

스웨덴 교육계의 의뢰를 받아 초등학교 아동의 부독본용으로 집필한 『닐스의 모험』은 조국의 아름다운 자연과 전설을 어린이들에게 알리는 작품으로, 남녀노소를 불문하고 모든 사람의 열렬한 환영을 받았으며 이 작품으로 웁살라대학 명예문학박사 학위를 받았고, 1909년에는 여성 최초의 노벨문학상을 수상하였으며, 1914년에는 여성으로서 최초의 스웨덴 아카데미 회원이 되었다.

제1차 세계대전에서 큰 충격을 받았던 라게를뢰프는 제2차 세계대전이 발발하자 독일에 있던 유대인 예술가를 구하기 위해 발벗고 나서 자신의 노벨상 수상 메달을 기증하기도 하며 사회 활동도 활발히 펼쳤다.

중국 최대의 병법가
손자

지체─저술가─중국

손자(孫資)는 B.C. 6~5세기경 중국 전국시대의 제나라 병법가이다. 이름은 무(武), 자(子)는 존칭이다. 절도와 규율로 오나라의 군대를 양성하였으며 병서인 손자를 지었다.

그의 병서는 유교사상에 입각한 인의를 전쟁의 근본이념으로 하였는데 거기에는 전쟁의 전술만이 아니고 제후의 내치, 외교, 국가 경영의 비결, 승패의 비기, 인사의 성패 등에 대해서도 비범한 견해를 나타내고 있다. 그의 뛰어난 전략은 후세의 무장들 사이에 널리 이용되었다.

우리나라에도 일찍이 소개되어 애독되었으며 조선 시대에는 한때 역과 초시(譯科初試)의 교재로 쓰였으며 최근에는 소설로도 소개되어 널리 읽히고 있다. 그는 두 다리가 절단된 중증장애인이었다고 한다.

인간 카메라
스티븐 윌터셔

지적—화가—영국

스티븐 윌터셔(Stephen Wiltshire)는 1974년 영국에서 태어났다. 3세 때 자폐증 진단을 받고 5세에 걷기 시작했으며 9세에 말을 하기 시작했다. 7세 때부터 도시 풍경을 그리기 시작했는데 그림을 그리는 것을 제외하고는 사실상 기본적인 생활을 할 수 없는 중증의 장애인이다. 스티븐은 헬리콥터를 타고 20여 분 동안 뉴욕 전경을 본 뒤 오로지 기억만으로 3일 동안 뉴욕의 모습을 그렸는데 화폭의 길이만 5m가 넘는다.

그는 한 번 보고 그리는데도 건물의 높이나 창문의 모양까지 정확히 그려내는 도시 풍경 화가로 뉴욕뿐만 아니라 프랑크푸르트, 함부르크, 런던, 시드니, 마드리드, 베이징, 상하이, 홍콩 등 다양한 도시의 모습을 사진처럼 그대로 그려내서 인간 사진기라는 별명을 가지고 있는 유명인이다.

한 손 바이올리니스트
아드리안 아난타완

지체—바이올리니스트—캐나다

아드리안 아난타완(Andrian Anantawan)은 1983년 캐나다 토론토에서 오른쪽 손과 팔의 일부가 없는 상태로 태어났다. 아버지는 태국 사람으로 그래픽 디자이너이고 어머니는 홍콩인 약사로 캐나다로 이민을 온 가정이다. 어린 아난타완이 학교 수업 시간에 친구들이 리코더를 연주하는 것을 한 손으로 연주할 수 있는 악기는 없을까 고민하다가 바이올린을 손에 쥐게 되었다.

그래서 아동재활의학병원에서 바이올린 활을 쥘 수 있는 주걱 모양의 보조기구를 팔에 부착하고 바이올린을 시작한 9세의 아난타완은 매일 10시간 이상 연습을 하며 한 손이 없는 문제를 해결해 나갔다. 그는 2001년 커티스 음대에 전액 장학생으로 뽑혀 캐나다 언론에서 클래식 음악계의 떠오르는 스타로 조명을 받았다.

졸업 후 아난타완은 예일대학에서 석사학위를 받았고 하버드대학에서 교육학 박사과정을 마쳤다. 바이올리니스트 아드리안 아난타완은 카네기홀, 백악관, 아스펜 국제음악제 등에서 리사이틀을 개최하였고, 2010밴쿠버 동계올림픽 개막식에서 연주하여 세계인들에게 인상적인 모습을 각인시켰다. 2012년 정상급 바이올리니스트 안네 소피 무터와 유럽 10개 도시 순회공연을 함께하며 많은 사랑을 받았다.

그는 연주 활동 외에도 토론토의 한 국립초등학교 교사로 재직하면서 아이들을 가르치고 있다. 특히 장애인의 예술 활동을 지지하는 대표자로 활동하며 장애인 예술 발전을 위해 앞장서고 있다.

팝페라의 아이콘
안드레아 보첼리

시각—성악가—이탈리아

안드레아 보첼리(Andrea Bocelli)는 1958년 이탈리아 농촌 지역인 투스카니에서 태어났는데 6세 때부터 피아노를 배우며 음악을 접했다. 12세 때 축구를 하다 머리를 부딪히는 작은 사고로 시력을 잃었지만 긍정적인 자세를 잃지 않았다. 피사대학 법학과를 졸업한 후 몇 년간 법정 선임변호사로도 활동했다. 하지만 음악에 대한 열정을 포기할 수 없어 변호사를 그만두고 야간에 재즈바에서 피아노를 치며 레슨비를 벌면서 테너 프랑코 코렐리에게 성악 레슨을 받았다.

1992년 이탈리아의 유명한 팝스타인 주케로와 함께 〈Miserere〉라는 곡을 부르게 되면서 이름을 알리기 시작했고, 1994년 산레모가요제에서 우승하며 실력을 인정받았다. 1996년에 팝페라 가수 사라 브라이트만과 부른 〈Time to say goodbye〉가 전 세계적으로 공전의 히트를 기록하면서 국제적인 스타로 발돋움했다. 1997년 첫 앨범 『Romanza』는 최대 판매 앨범이란 기록을 세웠다.

그는 팝페라라는 새로운 장르를 개척했으며 여러 장의 솔로 음반을 내서 큰 성공을 거두었다. 주빈 메타, 로린 마젤과 같은 세계적인 명지휘자들과 오페라 〈라보엠〉, 〈토스카〉 음반을 녹음하기도 하고, 2003년에는 푸치니 페스티벌에서 정명훈 지휘로 오페라 〈나비부인〉에서 핑커톤 역을 맡기도 하는 등 정통 클래식과 대중음악을 오가며 활발히 활동하고 있다.

안드레아 보첼리는 천상의 목소리, 영혼을 울리는 목소리, 팝페라의 아이콘이란 찬사를 받고 있고, 1998년 잡지 『피플』에 가장 아름다운 사람들 50명 중의 하나로 꼽혔다.

미술계 거장
알렉세이 야블렌스키

지체—화가—러시아

　개성적인 양식으로 미술사에 한 획을 그은 러시아 출신 화가 알렉세이 야블렌스키(Alexej Von Jawlensky)는 1864년 러시아에서 출생하였다.

　미술 공부를 하고 1896년 뮌헨에서 칸딘스키와 알게 되고, 1909년에는 신예술가협회를 결성했다. 그 사이에 프랑스와 이탈리아 등을 여행하며 반 고흐나 마티스의 영향을 강하게 받아 단순한 형체와 강렬한 색채로 초상, 풍경, 정물 등을 그렸다. 1917년 이후는 추상화된 얼굴을 즐겨 그리면서 신비주의 경향을 보였다.

　1929년부터 야블렌스키는 무서운 병마에 시달리는데 통증 때문에 움직이지도 못하면서 두상 시리즈인 〈명상〉을 완성하였고, 그 후 관절염으로 온몸이 굳어 장애를 갖게 되었다.

　나치는 그를 퇴폐 미술가로 몰아붙이기도 했지만 1941년 세상을 떠난 후 야블렌스키는 자신만의 독특한 조형성을 구축한 미술계의 거장으로 평가받고 있다.

묘사의 달인
알론조 클레먼스
지적―조각가―미국

천재 조각가 알론조 클레먼스(Alonzo Clemons)는 어린 시절 뇌에 입은 충격 탓에 평생 학습장애를 갖고 살았다. 이 사고 탓에 지능지수가 40까지 떨어진 알론조는 말하는 것조차 불편했지만 우연히 교실에서 접한 점토 덕에 인생이 바뀌었다.

점토로 작은 동물을 만들며 예술에 눈뜬 알론조는 현재 세계 조각가 중에서도 톱클래스에 속한다. 놀라울 만큼 세밀한 묘사로 유명한 그는 단 몇 초 사이에 스쳐 지나간 형상을 정확히 작품으로 묘사하는 실력을 가졌다. 주로 조각하는 대상은 소나 말이다.

알론조의 모친은 "사고 후 아들은 혼자 구두끈도 묶지 못할 만큼 장애가 심했다. 하지만 어쩐지 조각 하나는 기가 막히게 해냈다. TV 화면에 잡힌 동물을 머릿속에 떠올리며 30분 안에 똑같은 조각상을 만들어 낸다. 어떻게 했냐고 물으면 그저 웃으면서 머리를 긁적일 뿐이다. 정말 신기하다."고 말했다.

맨발의 타악기 연주자
애블린 글래니

청각—타악기 연주자—스코틀랜드

애블린 글래니(Evelyn Glennie)는 1965년 스코틀랜드 농촌에서 태어났는데 8세에 귀에 이상이 생겨 12세에 청력을 완전히 잃었다. 중학교 음악 시간에 친구의 북 치는 모습에 반해 타악기 연주를 시작하였다. 악기를 연주하는 사람이 소리를 들을 수 없다는 것은 치명적인 결함이었지만 포기하지 않았다. 청력 문제로 오케스트라 단원이 될 수 없었던 그녀는 솔로 연주가의 길로 나섰다. 그녀는 발과 손끝, 뺨의 떨림으로 소리를 감지하기 때문에 무대에 오를 때는 항상 맨발로 선다. 온몸 전체로 소리를 들으면서도 극도로 섬세해진 발끝의 촉각 하나하나는 그녀만의 특별한 귀가 되어 주었다.

그렇게 20여 년의 노력 끝에 그녀는 미세한 대기의 변화로도 음의 높낮이를 읽어 낼 수 있는 경지에 이르렀고, 50여 개의 타악기를 한꺼번에 다룰 수 있으며, 갖가지 타악기로 작은 빗방울 소리부터 천둥 소리까지 만들어 낸다. 1년에 120여 회의 연주회를 열 정도로 인기를 누리고 있다. 또한 청력의 상실로 오케스트라 단원의 길을 포기했었지만 미국으로 건너가 오케스트라와 협연도 가졌으며, 청각장애 어린이들의 음악치료법을 지원해 주는 런던 베토벤 기금단체의 회장으로 활동하고 있다.

그녀의 가장 유명한 음반은 바로토크 벨라의 두 대의 피아노와 타악기를 위한 소나타(Bartók: Sonata for two pianos and percussion)로 거장 지휘자인 솔티, 피아노의 거장 머라이어 페라이어와 함께 연주했던 음반은 그래미상을 수상했다.

글래니의 빼어난 미모도 사람들의 눈길을 끌었는데 1994년 레코드 엔지

니어와 결혼을 하여 화제가 되었다. 청각장애인이 어떻게 그토록 훌륭한 연주를 할 수 있느냐는 주위의 질문에 그녀는 "저는 청각장애인 음악인이 아니에요. 다만 청각에 조금 문제가 생긴 음악가일 뿐이죠." 라고 대답했다.

　글래니는 현대 타악기 주자로는 가장 두각을 나타내고 있고 타악기 전문 솔로의 최초 연주자로서 단연히 빛나고 있다.

몸의 예술 펼친
앨리슨 래퍼

지체—화가—영국

영국의 장애예술인 앨리슨 래퍼(Alison Lapper)는 1965년 해표지증으로 두 팔이 없고 두 다리는 짧은 상태로 태어났다. 부모가 있었지만 청소년기를 시설에서 보내고 19세에 런던으로 와서 브라이튼대학 예술대 미술학과를 우등생으로 졸업했다. 그는 주로 자기 몸을 사진과 그림으로 표현하는데, 신체의 정상성과 미의 기준에 도전하기 위해서다.

그림은 래퍼가 실제로 경험한 일을 직접 누드 사진으로 찍은 것이다. 남편이 자신과 아들(패리스)을 버리고 떠나 버리자 복지담당 공무원이 찾아와 아들을 강제로 위탁가정으로 보내려고 했다. 래퍼의 몸으로는 혼자 아이를 양육할 수 없다는 이유에서였다. 엄마 배 위의 아들을 앗아가려는 보라색 두 팔은 관료주의를 표현한다. 그는 강력하게 저항하여 결국 아들을 지켜 냈는데, 두 팔이 없는 엄마와 맨살을 맞대고 있는 아이의 모습에서 강한 유대감과 원초적 저항성을 엿볼 수 있다. 이처럼 래퍼 역시 자신의 벗은 몸을 통해 강한 저항 의식을 표현한다.

시각장애인 화가
에스레프 아르마간

시각―화가―터키

터키 화가 에스레프 아르마간(Esref Armagan)은 시각장애인이다. 이스탄불의 빈민가에서 태어난 아르마간은 6세 때부터 그림을 그렸다. 그는 주름이 잡혀 있는 종이에 작품을 그리는데 한 손에는 붓을 들고 다른 손은 캔버스의 주름을 따라가면서 전체적인 구도를 잡는다.

아르마간은 완벽한 원근법을 갖춘 풍경화를 그릴 수 있다. 또한 사진을 앞에 두면 사람의 얼굴도 그릴 수 있다. 그래서 그는 미국 빌 클린턴 대통령 초상화를 그려 선물하기도 했다. 어떻게 이런 일이 가능하였을지 모두가 궁금해하는 가운데 2005년 1월의 영국의 과학전문지 『뉴사이언티스트』는 어릴 때부터 실명한 맹인화가 에스레프 아르마간에 대해 보도했다.

단 한 번도 빛을 본 적이 없는 시각장애인 아르마간이 놀랍게도 그림을 그려 이름난 화가가 된 것을 초능력자로 만들었다. 그는 한평생 어떤 경치도 보지 못했지만 산천, 호수, 집, 사람과 나비 등을 정확히 묘사했으며 색상, 음영과 투시비례가 전문가 수준에 달했다. 하버드대학 신경학자 파스카울레오네 교수는 그를 미국 보스턴으로 초청해 실험을 받게 했다. 사람이 실명하더라도 대뇌 중에 시각 기능을 담당하고 있는 구역은 결코 기능을 중단하지 않는다는 것을 밝혀냈다.

대뇌 스캔 결과 아르마간이 그림을 그리고 있을 당시 그의 대뇌 시각구역은 일반인이 눈을 사용할 때와 똑같은 반응을 보였다. 레오네 교수는 비록 아르마간이 빛을 감수할 수는 없으나 그의 관찰 능력은 정상인들과 다를 바 없으며 또 그는 대뇌 속에 반영된 물체를 완전히 그림으로 표현할 수 있다고 말했다.

정상적인 시력을 가진 사람은 외부 감지 신호가 너무 강해 이러한 능력이 파묻혀 버리지만 외부 신호를 인지하지 못하는 아르마간은 이 능력을 발휘할 수 있었다는 것이다.

다친 손가락 사이로 지휘봉을 든
엔 샤오

지체—지휘자—중국

중국 문화혁명 당시 홍위병에 의해 손가락을 다쳐 피아니스트의 꿈을 포기해야 했던 엔 샤오는 각고의 노력 끝에 명지휘자로 성장하여 세계 음악계에 화제가 되었다. 손가락을 다친 엔 샤오는 작곡을 공부하기 시작하였고 1972년 민속무용단의 반주자로 일하며 음악의 성장기를 맞았다.

이후 북경음악원에서 작곡과 지휘를 전공한 그는 북경라디오심포니의 차석 지휘자로 일했고, 1987년 중국청년심포니를 이끌고 유럽 순회공연을 가졌다.

역경을 딛고 명지휘자로 성장한 엔 샤오는 중국의 정명훈으로 불리고 있다.

인상파의 거장
오거스트 르누아르

지체—화가—프랑스

오거스트 르누아르(Pierre-Auguste Renoir, 1841~1919)는 1841년 프랑스 리모주에서 출생하여 4세 때 파리로 이사하였다. 집안이 어려워 그는 13세부터 도자기 공장에 들어가 도자기에 그림 그리는 일을 하였다. 이곳에서 색채를 익힌 것이 훗날 큰 도움이 되었다. 이 무렵부터 점심시간에는 루브르미술관에 가서 작품을 감상하며 화가의 꿈을 꾸었으나 기계화의 물결에 밀려 실직하였다. 1862년 글레이르의 아틀리에에 들어가 모네, 시슬레, 바지위 등을 알게 되고 또 피사로, 세잔, 기요맹과도 사귀어, 훗날 인상파 운동을 지향한 젊은 혁신 화가들과 어울리게 되었다.

인상파의 기치를 든 1874년 제1회 전람회에는 〈판자 관람석〉을 출품하였고, 계속하여 제2회와 제3회에도 참가하여, 한동안 인상파 그룹의 한 사람으로서 더욱더 눈부시게 빛나는 색채 표현을 하였다. 〈물랭 드 라 갈레트〉와 〈샤토에서 뱃놀이를 하는 사람들〉은 인상파 시대의 대표작이다.

1881년 이탈리아를 여행하며 라파엘로나 폼페이의 벽화에서 감동을 받고부터는 그의 화풍도 마침내 새로운 전기를 맞이하였다. 귀국 후 얼마 동안의 작품은 색감과 묘법(描法)이 크게 바뀌었고 1890년대부터는 꽃ㆍ어린이ㆍ여성 등 미묘한 대상의 뉘앙스를 관능적으로 묘사하였다.

프랑스 미술의 우아한 전통을 근대에 계승한 뛰어난 색채가로서, 1900년에 레지옹 도뇌르 훈장을 받았다. 만년에는 지병인 류머티즘성 관절염 때문에 손가락에 연필을 묶고 그림을 그리면서도 마지막까지 제작하는 기쁨을 잃지 않았다. 최후 10년 간은 조수를 써서 조각에도 손대어 〈모자(母子)〉와 같은 작품을 남겼다. 르누아르는 온몸이 마비되어 항상 집에서

지냈다. 친구 마티스가 방문하여 온몸이 뒤틀리는 고통과 싸우면서도 그
림을 그리는 르누아르에게 물었다.

"그렇게 고통스러워하면서도 계속 그림을 그리는 이유가 뭔가?"

"고통은 지나가지만 아름다움은 남기 때문이네."

많은 사람들에게 사랑받고 있는 〈목욕하는 사람들〉은 온몸이 마비된
지 14년 만에 완성한 작품이다.

근대 음악의 아버지
요한 바흐

시각─작곡가─독일

바흐(Johann Sebastian Bach)는 1685년 독일의 아이제나하라는 조그마한 도시에서 출생하였다. 전통 있는 음악가 집안이었기 때문에 아버지 밑에서 어려서부터 바이올린과 비올라를 배웠다. 그러나 어릴 때 부모를 여의고 형님의 집에서 성장하였다. 15세에 뤼네부르크 교회의 성가대원이 되었다. 1708년 처음으로 〈팟사카리아 다단조〉를 발표했다. 1714년 궁정 악단의 제1악사가 되었으며, 이 즈음에 제61번 〈자 오너라! 이교도의 구세주여〉, 제161번 〈오라! 그대 달콤한 죽음아〉가 작곡되었다. 그 후 〈브란덴부르크 협주곡〉, 〈소나타와 파르티타〉, 〈조곡〉 등 불멸의 명작이 잇달아 나왔다.

바흐는 1720년 아내 바르바라를 잃고 가수 안나 막달레나와 재혼한 후 〈프랑스 조곡〉, 〈인벤션〉, 〈평균율 피아노곡집 제1권〉이 작곡됐으며, 1722년 〈평균율〉 전곡을 완성해서 건반 악기의 평균율 조율법의 보급에 크게 이바지했다. 그 뒤 라이프치히의 성 토머스 교회의 합창 대장에 취임한 후에도 작곡을 계속하여 독일의 바로크 음악을 완성시켰다. 이 시기에 바흐는 눈에 질환이 생겨 작곡에 지장을 줄 정도였는데 잘못된 치료 방법으로 실명을 한 후 고생을 하다가 65세를 일기로 생애를 마쳤다. 후세에 바흐는 '근대 음악의 아버지' 라고 일컬어지고 있다.

〈이솝우화〉의
이솝

지체―우화 작가―그리스

이솝(Aesop, B.C. 520~560)은 그리스의 우화 작가이다. 현대에 와서도 그는 너무도 유명한 작가이지만 정작 그의 전기에는 그가 사모스인(人) 야도몬의 노예이며 루피에서 죽음을 당했다는 이외는 상세한 자료가 없다. 14세기 프라누데스의 〈이솝전〉에 의하면 그는 척추장애인이었고, 천부의 기지, 해학, 화술로써 노예에서 해방되어 우화 작가로서 이름을 떨쳤다고 전한다. 류디아왕 크로이소스의 총애를 받아 조언자 역할을 하며 크게 활동했으나 왕명에 의해 피살되었다고 한다. 『이솝전』에는 약 700편 이상의 우화가 실려 있지만, 그 우화들의 일부가 그의 창작이 아님이 밝혀졌다. 그중에는 인도의 전설, 설화 등이 많이 혼입되어 있다고 한다. 그러나 헤로도토스, 소크라테스 등의 저서에도 그에 관한 기록이 있으며 그의 실존과 그의 우수한 문학적인 재능은 의심할 여지가 없다.

앉아서 연주하는
이자크 펄먼

지체—바이올리니스트—미국

　이자크 펄먼(Itzhak Perlman)은 1945년 이스라엘 야파에서 출생한 후 1958년 미국으로 이주했다. 이자크 펄먼은 라디오에서 클래식 음악이 흘러나오는 것을 듣고 처음 바이올린에 흥미를 가졌다. 줄리어드 음악학교에서 공부하였고 1963년 카네기홀에서 데뷔한 후 1964년에는 레벤트리트 콩쿠르에서 우승하여 명성을 얻었다. 그는 전 세계를 돌며 연주를 하였으며, 여러 장의 음반도 냈다. 1970년대부터는 투나잇 쇼 등 미국의 텔레비전 방송에 출연하여 대중적인 인기를 얻으며, 백악관에서도 여러 차례 연주하였다.

　이자크 펄먼은 4세 때 소아마비에 걸려 목발을 사용하고 있는데 바이올린 연주는 앉아서 한다. 그는 장애인으로서 얻는 프리미엄은 단연코 거절한다. 자신의 연주가 연주 그 자체로 평가되기만을 원한다. "사람들은 누구나 내 연주만을 갖고 나를 평가해야 합니다. 그렇지 않다면 나는 두 번의 부자유를 겪게 되는 것이지요." 라고 말했다. 이자크 펄먼은 주로 솔로 연주가로서 활동하였으나, 1990년 12월 레닌그라드에서 열린 차이콥스키 150주기 기념 연주회에서 요요 마, 제시 노먼, 유리 테미르카노프와 함께 연주하는 등 다른 유명 음악가들과 여러 차례 협연하였다.

　클래식 외에도 재즈와 클레츠머 등 다른 장르의 곡들도 연주하였다. 유명 재즈 피아노 연주가인 오스카 피터슨과 함께 음반을 내기도 했다. 또 영화 음악의 연주에도 참여하였는데 존 윌리엄스가 음악감독이었던 1993년작 영화 『쉰들러 리스트』에 참여하여 아카데미상에서 최고 영화음악 부문을 수상하였다. 이자크 펄먼은 그의 아내 토비 펄먼과 함께 뉴욕에

거주하며 1995년 아내와 함께 펄먼 뮤직 프로그램을 설립하여 젊고 유망한 현악기 연주가들에게 여름 동안 숙식을 포함한 실내악 교육을 실시해오고 있다. 이자크 펄먼은 20세기 후반의 가장 뛰어난 바이올린 연주가의 한 명으로 손꼽힌다.

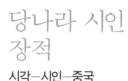

당나라 시인
장적

시각-시인-중국

　장적(張籍, 대략 766~830)은 중국 당나라 때 시인인데 시의 발전 과정에서 볼 때 두보(杜甫)와 백거이(白居易)의 연계적인 위치에 있다. 곤궁한 가정에서 태어났고 높은 벼슬에 오르지도 못했다. 한유(韓愈)의 추천으로 국자박사(國子博士)가 되었으나, 앞을 볼 수 없는 시각장애 때문에 태상시태축(太常侍太祝)이라는 낮은 벼슬로 가난 속에 살았다. 그는 두보를 좋아하여 그를 배우려고 노력하였는데 특히 전쟁의 비정함과 전란 속에 겪는 백성들의 고난을 시로 표현하였다. 시각장애인이 되고 난 뒤부터는 더욱 이들의 삶에 애착을 가지고 노래하게 된다. 자신의 삶을 봉건 통치 계급들에게 고통받는 농민과 동일시하였다.

　장적은 악부체의 시를 썼으나 5언 율시도 잘 지었다. 지금 전해지는 시 418수 중 7, 80수가 악부시여서 서사에 치중할 수밖에 없었지만 악부시가 아닌 것도 대부분 민간의 고통을 반영하였다. 〈축성사(築城詞)〉, 〈야로가(野老歌)〉, 〈이부(離婦)〉 등의 작품을 통해 봉건 통치 계급들이 농민에게 가져다 준 고통을 폭로하고 고난에 허덕이는 농민들에게 동정을 나타내고 있다.

　장적의 스승 한유는 학자이자 시인인데 장적의 시를 칭찬하여 자신의 글에 장적을 언급하였다. 장적의 시는 백거이도 칭찬하였다.

　"행인이 떠남에 임하여 또 한 번 봉한 것을 열어 보네." 이것은 우리의 고전소설인 춘향전에서 춘향의 편지를 가지고 가던 심부름꾼에게 이몽룡이 하던 말인데 이 시구는 장적의 시에 나오는 것이고 보면 장적은 우리나라에도 많은 영향을 주었다는 것을 알 수 있다.

행동하는 지성
장 폴 사르트르
시각—소설가—프랑스

사르트르(Jean Paul Sartre, 1905~1980)는 현대 프랑스의 실존철학자이자 소설가, 극작가, 평론가이다. 그는 1905년 파리에서 출생하였다. 그의 아버지는 일찍 세상을 떠나 외할아버지 집에서 자랐다. 외할아버지 샤를 슈바이처는 의료 선교사로 유명한 알베르트 슈바이처의 삼촌으로 소르본대학 독문학과 교수였다. 사르트르는 키가 작았고 사팔뜨기였다. 1925년 에콜 노르말에서 공부하고 철학과를 수석으로 졸업하여 같은 해 교수 자격을 얻었다. 그의 동지이자 아내가 된 보봐르와 이 무렵 알게 되었다. 1933년 독일에 유학, 하이데거의 철학을 공부하였다. 1938년 유명한 소설 『구토』를 발표하여 실존주의 문학을 창시했다.

제2차 세계대전이 발발하자, 1939년 독일군의 포로가 되었다가 탈출하여 대독 저항운동을 조직하였다. 이 무렵에 까뮈와도 알게 되었다. 1945년 해방 후에는 월간지 『현대』를 창간하여 실존주의를 파급하였으며 소설, 평론, 희곡 등 다채로운 문필 활동에 전념하였다. 또 미국에도 초청되어 각지를 다니며 강연하였다.

1964년에는 노벨문학상 수상자로 결정되었으나 거절하였다. 그 후 현대 프랑스를 대표하는 최고의 지식인으로서 무게 있는 지적 활동을 계속하였다. 그는 하이데거의 영향을 받아 그 자신의 현상학적 존재론을 전개하였다. 그는 데카르트적 자아를 넘어서 인간은 하나의 실존의 존재임을 밝히고 실존은 본질에 앞서며 실존은 주체성이라는 명제를 제시하였다. 그는 『실존주의는 휴머니즘이다』라는 조그만 책자에서 그의 실존주의 사상을 간결 명쾌하게 설명하였다. 행동적 지식인인 사르트르는 세계 평화의 문제에 대해서도 깊은 관심을 가지고 여러 가지 발언과 평론을 하는 동시에 소련 공산주의에 대해서도 날카로운 비판을 하였다.

〈피터팬〉 작가
제임스 배리의 왜소증

왜소증—소설가—스코틀랜드

　자라지 않는 아이 〈피터팬〉은 우리한테 아주 친근한 캐릭터인데 이 피터팬이 어떻게 해서 탄생된 것인지를 알면 가슴이 아플 것이다. 〈피터팬〉의 작가 제임스 배리(James Matthew Barrie)는 실제로 왜소증 장애인이다. 그래서 늘 아이 취급을 받았다. 제임스에게는 형이 하나 있었는데 어머니는 유난히 형을 편애했다. 그런 형이 죽자 어머니는 비탄에 빠졌는데 그 후 제임스에게 더욱 무관심했다.

　어머니로부터 사랑을 받지 못하고 장애 때문에 무시를 당하며 살았기 때문에 제임스 배리는 〈피터팬〉이라는 인물을 창조해 낼 수 있었던 것이다.

　제임스 배리는 1860년 스코틀랜드에서 출생하여 에든버러대학을 졸업 후 신문기자가 되어 런던으로 나왔다. 일찍부터 소설을 써서 〈독신시대〉(1891) 등을 발표하였는데, 배우 어빙의 권유로 극작을 시작하였다. 몇 가지 습작을 한 후에 〈저택가〉, 〈훌륭한 크라이턴〉(1902), 〈피터팬〉(1904) 등으로 크게 인기를 얻으며 극작가로서의 지위를 확립하였다.

　40년 이상의 극작가 생활을 통해 많은 작품을 남겼는데 그의 특징은 감상적인 눈물과 풍자의 웃음이 섞인 데 있으며 때로는 환상미가 가미된다. 그는 작품을 통해 1913년에 준남작(准男爵)이 되었다. 1937년 세상을 떠났지만 피터팬은 아직도 전 세계인들과 함께하고 있는 작은 거인이다.

의자 지휘자
제프리 테이트

지체—지휘자—영국

제프리 테이트(Jeffrey Tate)는 1943년 영국에서 태어났다. 제프리는 왼쪽 다리가 마비되고 등뼈가 굽은 척추장애 때문에 어린 시절 여러 차례 수술을 받으며 음악에 푹 빠지게 됐다. 하지만 그의 부모는 의사가 되길 원했다. 그래서 런던에서 의학 공부를 했지만, 음악에 대한 열정을 버리지 못해 비교적 늦은 나이인 27세에 음악을 시작한다.

제프리는 스웨덴에서 오페라 〈카르멘〉의 지휘를 맡아 데뷔했다. 1985년 영국체임버오케스트라 지휘자가 되었고 미국 뉴욕 메트로폴리탄 오페라 등 수많은 무대에서 관능적인 지휘로 관중들을 매료시켰다.

그는 지팡이를 짚고 무대에 등장해 바로 의자에 앉아서 지휘봉을 드는데 유난히 팔이 길어서 지휘하는 데 부족함이 없고 오페라 작품에 대한 해석에 탁월한 능력을 갖고 있다고 평가받는다. 그 이유는 음악에 대한 진정성과 헌신이 묻어 있기 때문이다.

제프리 테이트는 연습 도중 문제가 생기면 지휘대에서 내려와 바닥에 악보를 쭉 깔아 놓고 검토를 한다. 그 모습이 너무나 진지해서 다른 스태프들도 함께 엎드린 자세로 회의를 진행하는 모습을 단원들이 자주 보게 되는데 그 낮은 자세에 단원들은 더욱 최선을 다해 연주를 한다.

이런 노력파인 제프리 테이트는 프랑스 레종 도뇌르 훈장, 대영제국 기사 작위 등의 화려한 경력을 갖고 있다.

마음으로 그리는 화가
제프 핸슨
시각—화가—미국

시력을 거의 잃은 미국의 젊은 화가 제프 핸슨(Jeff Hanson)은 그만의 독특하고 화사한 색상과 깊은 질감에 애호가들이 늘고 있다. 그의 그림을 더욱 빛나게 하는 것은 작품을 통해 선행을 하고 있기 때문이다.

핸슨은 신경계에 종양이 생겨 시력과 청력을 잃게 되는 신경섬유종중이라는 희귀병을 앓고 있다. 뇌에 있던 종양을 제거한 후 시력을 잃고 말았다. 그의 어머니는 고통스러운 병원 생활에 작은 위안이라도 될 수 있도록 작은 카드 종이에 그림을 그리도록 했는데 그것이 핸슨을 화가로 만들었다.

시력의 한계로 그림을 그린다는 것이 불가능하다고 생각하는 사람들도 있었지만 핸슨은 자기만의 방식을 개발해 냈다. 캔버스에 끈적거리는 물건을 바른 후 손으로 만져 가며 색을 칠하는 방식을 사용한 것이다.

그의 그림 소재는 자연이다. 눈이 보이던 시절의 아름다운 자연을 화폭에 담아 영원히 간직하려는 듯 자연을 그리고 있다. 독특한 질감을 가진 화사한 색상의 자연이 주위 사람들에게 칭찬을 받으며 주목을 받게 되었는데 그 작품이 시각장애 화가가 그린 것이라는 사실이 알려지면서 핸슨은 일약 유명 인사가 되었다.

워런 버핏, 엘튼 존, 수전 서랜던 등 월드 스타들이 그의 작품을 구매하였다. 그의 작품은 이미 6개월 분의 주문이 밀려 있을 정도로 인기가 높다. 한해에 5만 달러를 벌어 경제적으로 자립하였다. 그런데 2015년 21세밖에 안 된 청년이지만 번 것을 기부하는 큰 마음을 갖고 있다. 지난해 100만 달러를 자선단체에 기부하여 사람들을 놀라게 하였다.

제프 핸슨은 눈이 아닌 마음으로 그림을 그리기 때문에 작품과 선행으로 사람들을 감동시키고 있다.

경이로운 초상화 작가
조나단 레먼

지적―화가―미국

조나단 레먼(Jonathan Lerman)은 1987년 미국에서 태어난 자폐증 예술인이다. 2세 때 자폐증으로 판명된 조나단 레먼은 과묵한 아이였지만 그림에 뛰어난 재능을 보였다.

10세 때부터 목탄으로 초상화를 그리기 시작한 레먼은 14세 때 이미 미국에서 유명세를 탔다. 그의 작품은 뉴욕 미술관에서 전시됐고 점당 1200달러에 판매됐다.

지능지수가 무려 150이 넘는 천재 조나단 레먼의 능력은 서번트 증후군의 대표적인 사례로 손꼽힌다. 그의 그림은 장애가 전혀 없는 보통 예술가들 사이에서도 경이로운 작품으로 평가받고 있다.

엄청난 집중력의 피아니스트
츠지이 노부유키

시각—피아니스트—일본

츠지이 노부유키는 1988년 일본 도쿄에서 산부인과 의사인 아버지와 아나운서 출신인 어머니 사이에서 태어났다. 노부유키는 선천성 시각장애인으로 음악적 재능이 있어 부모는 그의 재능을 키워 주는 데 최선을 다하였다.

츠쿠바대학 부속 맹학교 초중등부을 거쳐 도쿄음악대학 부속 고등학교 피아노 연주 과정을 졸업했다. 현재 上野学園大学(Ueno Gakuen University) 재학 중이다.

츠지이 노부유키는 2005년 슬로바키아 필하모닉 오케스트라와 협연하여 큰 성공을 거두었고, 같은 해 바르샤바에서 열린 제15회 쇼팽 국제 피아노 콩쿠르에서 폴란드 비평가상을 수상한데, 이어 2009년 미국 텍사스에서 열린 반 클라이번 국제 피아노 콩쿠르에서 우승을 차지하여 세상을 놀라게 하였다. 그것은 일본 피아니스트로서 첫 우승이라서 일본 사람들을 흥분시켰다. 당시 한국의 손열음이 같은 대회에서 2위를 차지하면서 우리나라에서도 화제가 되었다. 시상식에서 손열음이 노부유키의 손을 잡고 등장하는 모습은 인상적이었다.

노부유키는 연주 직전에 건반을 차분히 손으로 쓸면서 위치를 다시 한번 파악하고 자세를 낮추고 온몸의 감각을 동원하여 엄청난 집중력을 보여 주어 큰 감동을 주었다.

일본에서 노부유키의 인기는 대단하다. 음악영화 〈신의 카르테〉의 주제가를 노부유키가 작곡하였는데 노부유키는 작곡을 위해 점자로 시나리오를 읽고 나가노현의 촬영지를 직접 찾아가서 분위기를 느껴 보며 이미지를 만들었다.

노부유키는 수영, 스키, 스케이트, 등산, 하이킹 등 스포츠에도 능하다.

가을 동화의 선율
케빈 컨

시각―피아니스트―미국

가을과 가장 잘 어울리는 선율을 고르라면 케빈 컨(Kevin Kern)의 피아노 연주를 꼽는다. 인기 드라마 〈가을 동화〉의 삽입곡으로 많이 들어서 컨의 음악은 우리와 아주 익숙하다.

컨의 음악은 서정적인 선율이 돋보이고 뉴에이지 특이의 편안함을 담고 있으면서도 감각적이고 세련됐다는 평가를 받고 있다.

컨은 1958년 미국 디트로이트에서 시각장애를 갖고 태어났는데 17개월부터 피아노에 관심을 보여 피아노 건반을 두드리며 연주를 하였다. 4세 때 정식으로 Geri Baurs에게 개인 지도를 받았으며 14세 되던 해에 정식으로 바흐의 평균율 클라비어곡집 연주를 통해 프로로 데뷔하여 피아노의 신동이라는 소리를 들었다.

이후 미시간 음대, 뉴 잉글랜드 콘서바토리(the New England Conservatory) 등에서 학위를 받고 컨은 1990년 샌프란시스코에서 많은 공연과 마스터클래스를 가지면서 자신의 능력을 발휘하기 시작했다. 1995년에 리얼뮤직의 창립자 테렌스 얄롭(Terence Yallop)은 샌프란시스코의 한 호텔에서 크리스마스 캐롤을 연주하고 있는 케빈 컨을 발견하게 된다. 이때 강한 인상을 받은 얄롭은 케빈 컨의 데뷔 앨범 『In The Enchanted Garden』을 만들어 주는데 이 곡이 26주 동안이나 빌보드 차트에 올라 화제가 되자 오프라 윈프리쇼 등 유명 언론 매체에 여러 차례 소개되면서 세계적인 사랑을 받고 있다.

데뷔 앨범의 성공에 이어 더욱 섬세하고 부드러운 피아노 멜로디로 다가오는 케빈 컨의 2집 『Beyond the Sundial』에서는 케빈 컨의 아름다운 피아노 연주가 또다시 사람들을 사로잡았다.

1998년에 발표된 케빈 컨의 3집 『Summer Daydreams』로 전 세계 40여 개국에서 열광적인 팬들이 형성되었다. 한국에서도 TV 드라마와 FM 라디오 프로그램들에서 배경음악으로 경쟁적으로 사용하면서 케빈 컨의 존재감이 커지고 있다.

컨은 자신의 시각장애가 피아니스트로 성공하는데 많은 도움이 됐다고 입버릇처럼 말하고 있지만 아무도 그의 장애를 의식하지 않는다.

뜨거운 음악 혼의
클라라 하스킬

지체―피아니스트―루마니아

클라라 하스킬(Clara Haskil)은 1895년 루마니아에서 태어났다. 그녀는 어렸을 때부터 피아노에 뛰어난 재능을 보였다. 그녀의 재능을 발견한 숙부는 그녀를 빈 음악학교에 입학시켜 본격적인 음악 수업을 받도록 했다.

클라라에게 불행이 찾아온것은 12세 때였다. 척추측만증 증세가 나타난 것이다. 그래도 처음에는 철로 만든 코르셋을 착용하고 어느 정도 견딜 수 있었지만 시간이 흐르면서 분명한 척추장애가 나타났다. 그럼에도 불구하고 16세에 파리 음악원 피아노과를 수석으로 졸업하고, 18세 때부터 본격적인 피아니스트로 활약했다.

그녀의 연주에 르 피가로지는 다음과 같은 비평을 실었다.

'생상스의 피아노 협주곡 4번을 이토록 생명력 넘치고, 풍부한 색채로 연주한 것을 우리는 지금까지 들어보질 못했다. 클라라 하스킬은 천부적인 음악적 재능을 타고난 뛰어난 피아니스트라는 것은 의심할 여지가 없다. 한 가지 마음에 걸리는 것은 그녀의 건강이다.'

피아니스트로 명성을 얻을 무렵 척추측만증 증세가 더욱 심해져 투병을 시작했다. 그녀는 사람들에게 잊혀져 가고 있었다. 병세가 호전되어 무대에 올랐지만 별 반응이 없었다. 그녀는 처음부터 다시 시작해야 했다.

그러다 1922년 브뤼셀 연주회에서 대성공을 거두었다. 사람들은 클라라의 복귀를 축복해 주었지만 그녀의 투병은 끝나지 않았다. 위장병, 폐렴 등으로 시달려야 했다. 그러나 클라라는 연주를 포기하지 않았다. 꺼질 듯 꺼질 듯한 그녀의 생명은 뜨거운 음악혼으로 이어져 갔고 1960년 65세에 세상을 떠났다.

클라라 하스킬은 척추장애로 등이 몹시 튀어나온 장애인이었다. 멋진 드레스를 입은 피아니스트의 모습은 찾아볼 수 없었지만 그녀의 연주는 누구도 흉내 낼 수 없는 멋이 있었다.

음악의 천재
톰 위긴스

시각—피아니스트—미국

'Blind Tom' 이라는 애칭으로 불린 톰 위긴스(Thomas Wiggins Bethune) 는 모차르트에 비견되는 위대한 아티스트로 기억된다. 모차르트는 4세 때 부친의 연주를 듣고 완벽하게 따라 쳐 신동 소리를 들었다. 하지만 톰 위긴스는 동시에 두 곡을 듣고 이를 똑같이 연주한 피아노의 달인이다.

톰 위긴스는 1849년 미국 남부 농장에서 시각장애를 가지고 태어났는 데 노예였던 부모와 함께 1850년 새주인 베써네(Bethune) 집안에 팔렸다. 노예 경매 당시 시각장애인 흑인 아이에게 노동력을 기대할 수 없기 때문 에 거져 팔렸다. 시각장애 소년은 다른 노예처럼 일을 할 수 없었기 때문 에 농장에서 자유롭게 지낼 수 있었는데 우연히 주인의 딸이 피아노를 연 주하는 것을 듣고 관심을 갖는다.

4세 때부터 그의 천재적 음악성은 발휘되어 단지 피아노 운율을 듣기만 하여도 피아노 음감을 깨닫고 연주할 수 있었다. 동물 울음소리까지 악 기로 재현해 낼 정도로 음악에 재능이 있어 주인의 마음을 사로잡았다. 주인은 톰을 노예 숙소가 아닌 피아노가 있는 주인집에서 생활할 수 있 도록 해 주었다. 그는 하루에 12시간 이상을 연주하였고 쉬고 있을 때도 주변의 모든 소리를 음악으로 바꾸려 노력하였다. 주인은 전문 음악가를 고용하여 톰을 가르치기 시작하였는데 톰을 가르친 음악 선생들은 하나 같이 소년의 천재성에 놀란다. 그는 클래식부터 팝송까지 7,000곡 이상을 기억하고 연주할 수 있었다.

1857년 주인인 베써네 경은 콘서트홀을 빌려 'Blind Tom' 공연을 계획 한다. 사람들은 앞을 못 보는 소년의 연주가 궁금하여 구름처럼 몰려들어 공연은 대성공을 거둔다. 이후 1858년부터는 공연기획자에게 톰을 대여하는 대가로 주인은 돈을 챙기게 된다. 9세이던 톰은 부모와 떨어져 수백 군데의 도시를 돌며 심지어 하루 4번씩 쇼에 출연을 하기도 하였다. 그 쇼에서 톰은 좌우 손을 바꿔 연주한다든지 등 뒤로 연주를 하기도 하였다. 음악가를 무대로 불러 먼저 연주하게 한 후 그대로 따라 연주하는 묘기를 선보이며 관중들을 매료시켰다.

그는 점점 유명해져 백악관 대통령 앞에서도 연주를 하였다. 언론은 모차르트를 능가하는 천재가 나타났다고 보도하기 시작했다. 주인은 톰의 공연 출연료의 90% 이상을 가져가서 큰 돈을 벌었다.

노예해방이 되었지만 톰은 자유의 몸이 된 것을 알지 못한 채 주인이 시키는 대로 계속 공연을 다녀야 했다. 보다 못한 공연기획자 탭스 글로스는 이런 부당한 대우를 받는 톰의 문제를 고발하였다. 하지만 톰이 장애 때문에 특별한 도움이 필요해서 후견인이 되어 주고 있다는 주인의 주장이 받아들여져 톰은 주인의 손에서 벗어나지 못하였다. 톰의 부모는 아들 덕분에 여유롭게 살고 있었기에 톰은 부모와 함께 있고 싶어했지만 노예였던 부모는 아들의 소망을 들어주지 못하였다.

톰의 주인은 톰을 아들에게 물려주었고 아들이 사고로 죽자 며느리에게 넘어가 1908년 뇌졸중으로 사망하기까지 톰의 노예 생활은 계속되었다. 톰의 재능을 인정하고 음악 교육을 시켜 주고 무대에 서게 해 준 것은 고마운 일이지만 묘기를 보이는 쇼 무대에 톰을 세우며 돈을 버는 도구로만 사용하여 진정한 음악인으로 성장시키지 못한 것은 많은 아쉬움을 남겼다.

  당시 유명한 작가이자 그의 팬이었던 마크 트웨인(Mark Twain)은 톰의 연주를 "그는 마치 독재자처럼 그의 관중의 감정을 지배하였고 그의 전투와 같은 연주로 폭풍처럼 쓸고 지나갔으며, 마치 꿈속에서 듣는 것처럼 부드러운 멜로디로 우리를 다시 평화롭게 진정시켰다."고 설명하였다.

페미니즘 화가
프리다 칼로

지체—화가—멕시코

프리다 칼로(Frida Kahlo de Rivera, 1907~1954)는 멕시코시티 교외 코요아칸에서 출생하였다. 헝가리계 독일인인 아버지는 평범한 사진사였으며 그에게 프리다라는 이름을 붙여 주었는데 독일어로 평화를 의미한다. 프리다 칼로의 집안은 가난했으며 어머니의 우울증으로 유모의 도움으로 자랐다.

1913년 6세 때 소아마비에 걸려 오른쪽 다리가 약해지는 장애가 생겼고, 이 때문에 내성적이고 관념적인 성격이 되었다. 1921년 의사가 되기 위해 국립예비학교에 다녔다. 정치에 관심이 많았으며 러시아 혁명에 심취하여 평생 공산주의 옹호론자가 되었다. 이때 학교의 벽면에 프레스코 벽화를 그리는 디에고 리베라(Diego Rivera)를 목격하고 심리적인 큰 영향을 받았다. 당시 리베라는 유럽에서 돌아와 멕시코 문화운동을 주도하는 유명한 예술가로 칼로는 그의 작품과 인간적인 매력에 빠져 흠모하게 되었다. 칼로는 리베라의 영향으로 그림을 그리게 되었다.

1925년 18세 때 교통사고로 척추와 오른쪽 다리, 자궁을 크게 다쳐 평생 30여 차례의 수술을 받았는데 이 사고는 그의 삶뿐만 아니라 예술 세계에도 큰 영향을 주었다. 사고로 인한 정신적, 육체적 고통은 작품 세계의 주요 주제가 되었다. 1929년 연인이었던 디에고 리베라와 21세의 나이 차를 극복하고 결혼하였다. 결혼 이후 프리다는 리베라를 내조하느라 자신의 작품을 그릴 여유가 없었다. 멕시코 혁명에 적극적이었지만 결혼 이후에는 남편 리베라와 함께 정치적 논쟁에 휘말렸으며 멕시코 공산당에서 탈퇴하였다.

1930년 벽화 제작을 의뢰받은 리베라와 함께 미국 샌프란시스코, 뉴욕, 디트로이트에서 머물렀다. 하지만 미국에서 프리다는 리베라의 그늘에 가

려 항상 외롭고 힘겨운 시간을 보내야 했다. 1933년 록펠러재단의 의뢰를
받고 벽화를 제작하던 중 레닌의 얼굴을 그려 넣을 것을 두고 재단 측과
불화로 벽화 제작이 취소되었고 마침내 고향 멕시코로 돌아왔다.

멕시코에 돌아온 후 남편 디에고 리베라와 관계가 나빠지기 시작했다.
리베라의 자유분방하고 문란한 여자 관계는 급기야 프리다 칼로의 여동
생과 바람을 피우고 말았다. 프리다 칼로는 극심한 고통 속에서 나날을
보냈으며 이 당시 자신의 심경을 표현한 〈몇 개의 작은 상처들〉이 남아 있
다. 디에고 리베라에 대한 실망과 배신 그리고 분노는 프리다 칼로의 작
품 전반에 걸쳐 많은 영향을 끼치게 되었다.

1939년 피에르 콜 갤러리에서 열린 〈멕시코전〉에 출품하여 파블로 피카
소, 바실리 칸딘스키, 마르셀 뒤샹 등으로부터 초현실주의 화가로 인정받
았으나 프리다 칼로 자신은 자신의 작품 세계가 유럽의 모더니즘의 영향
을 받은 것이 아니고, 멕시코적인 것에 뿌리를 둔 것이라고 자신의 정체성
을 밝혔다. 그해 유럽에서 멕시코로 돌아와 같은 해 11월 디에고 리베라와
이혼했다. 잠시 미국에 체류하면서 사진작가 니콜라 머레이와 사랑에 빠
지기도 하였지만 그녀에게 리베라는 절대적인 사랑의 존재였다. 1940년 8
월 프리다는 리베라와 다시 결혼을 하였는데 프리다는 리베라에게 성관계
를 갖지 않는다는 조건을 요구하여 합의하였다.

프리다의 삶은 매우 연극적이었고 항상 여사제처럼 전통 의상과 액세서
리를 착용하였으나 남성에 의해 여성이 억압되는 전통적인 관습을 거부했
기 때문에 페미니스트들에게는 20세기 여성의 우상으로 받아들여지기도
한다. 작품으로는 사고로 인한 신체적 고통과 남편 리베라 때문에 겪게
된 사랑의 아픔을 극복하고자 거울을 통해 자신의 내면 심리 상태를 관

찰하고 표현했기 때문에 특히 자화상이 많다.

프리다 칼로의 작품에 영향을 끼친 또 다른 점은 세 번에 걸친 유산과 아이를 낳을 수 없다는 사실이었다. 선천적인 골반기형 때문이었고 이는 고통스러운 재앙으로 받아들여져 〈헨리포드 병원〉, 〈나의 탄생〉, 〈프리다 와 유산〉 등과 같은 작품들로 형상화되었다. 이 작품에서 프리다 칼로의 모습은 탯줄과 줄 혹은 뿌리 같은 오브제들과 연결되어 있음을 볼 수 있 다. 또한 〈상처 받은 사슴〉 속의 그녀의 모습은 비록 여러 개의 화살 때문 에 피를 흘리고 있음에도 불구하고, 시선은 매우 투명하고 강한 빛을 발 하는데 이는 삶에 대한 강한 의지와 자신의 고통이 오히려 예술로 승화되 었음을 나타낸다.

이후 프리다는 회저병으로 발가락을 절단하는 수술을 받았고 골수이 식 수술 중 세균에 감염되어 여러 차례 재수술을 받아야만 했다. 극심한 고통 속에서도 1953년 프리다 기념전이 열렸으며, 1954년 건강이 악화되 었지만 자신의 정치적 신념을 표현한 마르크스와 스탈린을 추앙하는 정 치색이 짙은 작품을 제작하였다. 그해 7월 2일 리베라와 함께 미국의 간섭 을 반대하는 과테말라 집회에도 참가하였다가 7월 13일 폐렴이 재발하여 사망하였다.

자신의 죽음을 예견하고 마지막 일기에는 '이 외출이 행복하기를 그리 고 다시 돌아오지 않기를…' 이라는 글을 남겼다.

1970년대 페미니즘 운동이 대두되면서 그녀의 존재가 새롭게 부각되기 시작했고, 1984년 멕시코 정부는 그녀의 작품을 국보로 분류하였다.

독일을 대표하는 작가
헤르만 헤세

언어―소설가―독일

헤르만 헤세(Hermann Hesse, 1877~1962)는 1877년 남부 독일의 뷔르 템베르크의 소도시 칼브에서 태어났다. 신교의 목사인 아버지는 인도에서 선교 활동을 한 일이 있으며, 외할아버지는 30여 개국의 언어를 구사하는 뛰어난 분이었다. 그의 서재에는 기독교 서적에서부터 그리스 및 라틴의 고전, 인도의 서적 등으로 가득 차 있었다. 이러한 모든 것들은 어린 헤세에게 많은 영향을 주었다. 많은 독서의 영향으로 헤세는 어려서부터 동양 종교에 흥미를 느꼈으며 코스모폴리탄적인 평화주의를 지향하게 되었다. 또한 18세기의 독일문학에 심취하기도 하였는데 소년 헤세는 이렇듯 간접 체험을 통해 공상의 나래를 펼쳤다.

14세가 되자 헤세는 목사가 되기 위해 마울브론 신학교에 입학하지만 학교 규율을 제대로 지키지 못하여 반년 만에 퇴학당하고 만다. 한편 극도의 신경쇠약으로 자살을 시도하는 등 우울증으로 시달렸는데 그럴 때 괴테의 작품을 읽고 나면 마음의 안정을 되찾곤 하였다고 한다.

한때는 숙련공이 되려고 기계공장에서 3년 동안이나 시계 톱니바퀴를 다루는 일을 하기도 하였으나 주위의 비웃음에 그만두었다. 기계공장을 그만둔 헤세는 서점의 점원 생활을 시작하였는데 그때의 체험이 소설 『수레바퀴 밑에서』를 낳았다.

1899년에는 시집 『낭만의 노래』와 『한밤중의 한 시간』을 발표했다. 1904년에 쓴 『페터 카멘친트』는 자연 속에서 인간의 애정을 탐구하고 있는데 헤세는 이 작품으로 일약 유명 작가가 되었다. 그해 아홉 살 연상인 마리아 베르누이와 결혼한 그는 조용한 시골에 파묻혀 오로지 창작에만 몰두했다. 그리하여 1915년에 유명한 『크놀프』를 발표하였다. 1911년 헤세는 결혼 생활에 회의를 느끼고, 싱가포르, 수마트라, 실론 등으로 여행을 떠났다. 그때 받은 감명들을 글로 옮긴 책이 1922년에 발표된 『싯타르타』이다.

한편 아내의 정신병 악화와 자신의 신경성장애 때문에 헤세는 정신과 의사에게 심리요법으로 치료를 받았다. 그 후 정신과 의사의 권유를 받고 프로이드 심리학을 연구한 헤세는 1919년 우리에게 널리 알려져 있는 『데미안』을 완성하였다. 인간의 본성과 이성의 갈등을 그린 『지와 사랑』은 1930년에 발표되었으며, 대작 『유리알 유희』는 1943년에 발표되었다.

마침내 1946년 헤세는 노벨문학상을 수상하였다. 그의 시나 소설은 음악적 아름다움을 지니고 있고, 그 내용이 명상적이라는 것이 특징이다. 특히 헤세의 작품 속에는 인도의 불교철학이 숨쉬고 있음이 발견된다. 헤세를 평생 괴롭힌 것은 신경쇠약 외에도 언어장애였다.

헨델에게 찾아온
두 가지 장애
중복—작곡가—독일

우리가 잘 알고 있는 헨델(Georg Friedrich Händel)도 장애 때문에 많은 고통을 겪었다. 헨델은 52세 때 갑자기 오른쪽 손에 마비 증상이 나타났다. 그가 쓴 편지 가운데 '오른쪽 손 4개의 손가락이 마비돼서 연주를 할 수 없다.' 는 내용이 나온다. 그런데 헨델의 장애는 거기에서 끝나지 않았다. 갑자기 왼쪽 눈이 안 보이기 시작했다. 그래서 작곡을 할 때 다른 사람이 악보를 받아 적었다.

그 어떤 시련이 닥쳐도 작곡을 멈추지 않았던 헨델은 어떤 삶을 살았을까? 헨델은 1685년 독일에서 태어났는데 그의 부친은 헨델을 법률가로 만들려고 생각하여 대학에서 법률을 배우게 했다. 그러나 헨델은 어려서부터 음악을 좋아했고, 또 천재적인 재능이 보였으므로 마침내 부친도 헨델에게 음악 공부를 시켰다. 헨델은 17세 때 할레 교회당의 오르간 주자가 되었다.

헨델은 선천적으로 가극을 좋아해서 20세에 가극을 만들어 상연하고 이어 많은 가극을 작곡하여 상연했으나 하나도 성공을 거두지 못했다.

가극의 작곡과 상연에 온 심혈을 기울인 헨델은 육체적으로 허약해져서 요양을 해야 했다. 건강을 추스르고 난 후 다시 가극에 몰두했지만 가극으로는 성공하지 못하고, 오라토리오 『메시아』로 운명을 개척했다. 그의 오라토리오는 세인들로부터 최고의 찬사를 받았다. 『메시아』는 1742년 더블린에서 초연되어 절찬을 받았다. 이 성공에 기분이 전환된 헨델은 잇달아 오라토리오를 썼고, 마침내 오라토리오로 위대한 명성을 얻었다.

헨델은 1751년에 오라토리오 『예프타』를 작곡하고 있는 동안에 실명하여 큰 위기를 맞았지만 음악에 대한 열정은 더 강해졌다. 헨델은 1759년 세상을 떠났는데 영국 국왕은 헨델이 음악에 남긴 공적을 기려서 그 유해를 웨스트민스터 사원에 묻도록 했다.

장애와 맞서 작곡에 몰두하였기에 헨델이란 이름이 지금까지 기억될 수 있는 업적을 쌓을 수 있었을 것이다.

유럽 최고의 시성
호메로스
시각─시인─그리스

흔히 호머라고 하는 호메로스(Homeros)는 그리스의 서사시인이다. 그는 서구 문학의 조종(祖宗)이며, 그리스 최대의 시성이라 평가된다. 그의 생애에 관해서는 유명한 대서사시 『일리아드』와 『오딧세이아』의 작자라고만 알려졌을 뿐이다. 일설에는 개인이 아니고 편력시인의 집단명이라고도 하고 또는 실재하지 않은 전설적인 인물이라고도 한다. 그러나 크세노파네스, 헤로도토스 등의 확실한 증거 및 근대의 역사 학문, 고고학적 발견과 연구 및 언어학상의 조사 연구에 의하면 그는 실재의 인물로서 소아시아 이오니아 해변 스미르나의 출생으로, 시각장애인이었다고 한다. 태어난 연대는 B.C. 900~800년 경이다.

장편 서사시 『일리아드』는 15,693행으로 되어 있고, 제목이 '아킬레우스의 저주와 분노'로 되어 있는데 트로이전쟁 중의 51일간에 일어난 영웅 아킬레우스를 중심으로 한 기사의 이야기이다. 『오딧세이아』는 12,110행으로 지혜로운 사람으로 유명한 이타카 섬의 오딧세우스를 중심으로 한 트로이아 함락 후 10년간의 이야기이다. 이 두 편은 완벽한 예술적 구성으로 당시 문화에 지주적 존재로 평가되었으며, 후세의 시인들에게 큰 영향을 주었다. 또한 그의 이름은 시인의 대명사처럼 되었다.

문예사적 측면에서 호메로스의 가치는 우선 형태와 플롯의 완벽한 통일성과 모든 인간의 기본적인 정서와 모티브의 파악, 보편적인 견지에서 본 위대한 인물들의 나무랄 데 없는 개성화, 인생의 위엄, 쾌락과 비극, 죽음의 고찰, 종교와 윤리 등으로 훗날 서구 문명의 조류를 이룬 그리스적인 성격을 바탕으로 하여 방대한 스케일을 건전한 도덕에 의해 하나의 세계관으로 이룩한 것에 그 가치가 영원하다.

후작 칭호받은 작곡가
호아킨 로드리고
시각―작곡가―스페인

호아킨 로드리고(Joaquin Rodrigo)는 1901년 스페인 발렌시아주 사군토에서 태어난 대표적인 스페인 작곡가이다. 3세 때 시각장애를 갖게 되어 빛 대신 소리의 세계에 빠져들어 어렸을 때부터 음악에 비상한 관심과 정열을 가지고 있었다.

파리로 유학하여 폴 뒤카(Paul Dukas)의 제자가 되어 작곡법을 배웠다. 1940년 작곡하여 바르셀로나에서 큰 성공을 거둔 기타와 오케스트라를 위한 〈아랑후에스 협주곡: Concierto de Aranjuez〉의 초연이 대성공을 거두었다.

기타 음악으로 가장 잘 알려졌지만 관현악곡 〈어느 신사를 위한 환상곡: Fantasia para un Gentilhombre〉, 〈음유시인: Juglares〉, 〈정원음악: Musica para un jardin〉, 발레곡 〈국왕의 춤: Pavan Real〉, 오페레타 〈이별의 소나타: Sonada de Adios〉, 피아노곡 〈아침 수탉의 전주곡: Prelude au Coq Matinal〉 등을 작곡하였다.

1991년 에스파냐 국왕 후안 카를로스로부터 스페인 음악 발전에 끼친 공로를 인정받아 아랑후에스 정원의 후작 칭호를 하사받았다. 1925년 스페인 내셔널 프라이즈를 수상하는 등 1999년 세상을 뜨기까지 많은 사랑을 받았다.

제5부

—

대중문화

BBC 뉴스를 진행하는 시각장애인 앵커
게리 오도노휴

시각–방송인–영국

    매일 아침 6시에서 9시까지 3시간 동안 진행되는 BBC 뉴스 프로그램 〈투데이〉는 총리에서 일반 시민들에 이르기까지 온 국민이 함께 듣는 영국 최고의 라디오 보도 프로그램이다. 이 프로그램을 진행하는 앵커는 BBC의 중견 기자 게리 오도노휴인데 그는 시각장애인이다.

    게리 오도노휴는 태어날 때부터 왼쪽 눈에 장애가 발생하여 8세 때 시력을 완전히 잃었다. 어렸을 때부터 방송인을 꿈꾸던 그는 시각장애인을 위한 라디오 프로그램을 맡아 경험을 쌓았고, 텔레비전 국회 출입기자로 일하기도 했다. 1996년부터 바로 이 프로 〈투데이〉의 기자로 활동해 오던 중 그의 능력과 성실함을 눈여겨본 제작진에 의해 1998년 드디어 MC로 발탁됐다.

    BBC는 그를 위해 점자 정보판 등을 설치한 특수 방송실을 마련해서 오도노휴가 뉴스를 진행하는 데 불편이 없도록 해 주고 있다.

인기 음성장애 MC
그렉 스미스

지체—방송인—미국

그렉 스미스는 근육병으로 휠체어를 사용한다. 아리조나 주립대학에서 방송학을 전공하고 피닉스의 방송국에서 5년 동안 근무하다가 마이크를 잡게 되었다. 장애인을 위한 방송 〈ON THE ROLL〉의 진행을 맡은 것이다. 그는 다른 방송국에서도 MC로 모셔 가는 인기 사회자이다.

시각장애인 앵커우먼
누리아 델 사스

시각—방송인—스페인

스페인 안달루시아 지방의 까날 델 수르(Canal del Sur)라는 방송국에는 세계적으로 유명한 시각장애인 앵커 누리아 델 사스가 있다.

누리아 델 사스는 13세 때 시력을 잃은 시각장애인인데 안달루시아는 1998년 지역방송국 뉴스 진행자 공채에 합격했다. 그녀는 월요일부터 금요일까지 낮 12시 정오 뉴스를 진행하는데 TV 뉴스라는 데 주목해야 한다. 그녀는 점자 원고를 손끝으로 읽으며 프로그램을 진행하는데 제작진의 수신호를 받을 수 없어 귀에 조그마한 수신기를 꽂고 제작진의 지시를 귀로 듣는 것 외에는 다른 앵커들과 다를 바 없다. 이렇게 방송을 직접 진행하는 장애방송인들의 활약으로 장애인 방송은 더욱 그 의미를 확대시킬 수 있다.

한쪽 팔의 여왕
니콜 켈리

지체―미인대회―미국

미국 아이오와주에서 한쪽 팔이 없는 여성이 2013년 아이오와주 최고 미인에 뽑혔다. 그 주인공 니콜 켈리(Nicole Kelly)는 왼쪽 팔뚝이 없이 태어났는데 네브래스카 링컨대학에서 연극을 전공하고 뉴욕 브로드웨이 뮤지컬 극장에서 인턴을 거치고 무대 매니저가 되고 싶어 자리를 알아보다가 미인대회에 도전하게 되었다.

사흘간의 숨 막히는 경연을 뚫고 당당하게 미스 아이오와 왕관을 쓴 그녀는 아이오와주를 대표해 미스 아메리카 대회에 출전하게 된다.

켈리는 미스 아이오와 대회 홈페이지에 올린 자기 소개서에서 "포기하지 않겠다는 외향적 성격으로 장애인에 대한 주변의 시선을 극복하는 법을 배우게 되어 야구에서부터 춤, 다이빙 등 내가 도전하지 않은 것이 없었으며 노력해서 안 되는 건 없다."라고 장애에 대한 자신의 소신을 밝혔다.

"일 년 전 내가 미인대회 여왕이 될 것이라고 말했다면 그냥 웃고 말았겠지만 이제 무대에서 사람들의 주목을 받으며 내 이야기를 할 기회를 얻어 무한한 영광입니다. 앞으로 계속 사람들을 향해 이야기를 하는 나만의 모험을 할 수 있다는 점에서 기대가 큽니다."라고 소감을 밝혔다.

휠체어로 뉴스 현장을 구석구석 누비는 다르시 폴랜드

지체―방송인―미국

다르시 폴랜드는 전신마비로 손가락 하나 움직일 수 없는 여성으로 미국 미니애폴리시의 지방방송국에서 현역 기자로 시청자들에게 뉴스를 전해 주고 있다. 수영장에서 다이빙을 하다 목뼈가 부러진 폴랜드는 어려서부터 방송기자가 되는 것이 꿈이었고 사고 당시에도 방송국에서 보조원으로 일을 배우고 있었다.

전신마비장애가 그녀의 꿈을 포기하게 만들 수도 있었지만 꿈을 실현하기 위해 대학에 진학하여 매스컴학을 공부하고 마침내 방송기자가 되었다. 처음에는 사건을 분석하고 자료를 정리하는 일을 맡아 했다. 아무리 의지가 강하다고 해도 발로 뛰는 취재기자가 되기에는 제약 조건이 너무도 많았다. 그러나 그는 장애인용 특수차를 구입하여 사건 현장 어디든 달려갈 수 있는 여건을 스스로 마련하여 현장으로 나갔다.

그녀의 탁월한 기자 역량을 인정한 방송국에서 1992년 다르시 폴랜드를 일선 기자로 발령했다. 그녀는 특종을 도맡아 터뜨렸는데 그 비결은 다른 기자들에 비해 순발력이 뛰어나지는 않지만 취재원을 만나 이야기를 나누다 보면 그녀에게 더욱 속 깊은 이야기를 나눌 수 있는 인간적인 접근 방식이었다. 한번은 휠체어를 탄 한 소녀가 그녀를 찾아와 결의에 찬 눈빛으로 "난 이 세상에서 할 일이 없다고 생각했었어요. 그런데 TV에 나오는 당신을 본 뒤 나도 방송기자가 되겠다고 결심했어요." 라고 말했다. 그녀는 자신의 꿈을 이루면서 다른 장애인들에게는 새로운 꿈을 심어 준 것이다.

솔 음악의 천재
레이 찰스
시각-가수-미국

레이 찰스(Ray Charles)는 1930년 미국 조지아주 알바니에서 태어나 플로리다주 흑인 빈민촌에서 성장한 어린 시절 지독히도 불행한 일들을 당해야만 했다. 다섯 살 때 친형이 익사하는 것을 목격했고, 일곱 살 때는 백내장으로 시력을 잃었다. 설상가상으로 10대 초반에 아버지와 어머니가 차례로 세상을 떠나는 바람에 고아가 되었다.

레이 찰스는 고달픔을 음악으로 승화시켰다. 초창기에는 냇 킹 콜의 영향을 받아 부드러운 톤으로 노래했는데 1950년대 중반부터 두각을 나타낸 레이 찰스는 1960년대에 들어서면서 인기 스타의 반열에 오르게 된다. 이때부터 레이 찰스의 전성시대와 더불어 주옥 같은 명곡들이 쏟아져 나온다. 〈I Can't Stop Loving You〉, 〈Hit the Road Jack〉, 〈What'd I Say〉, 〈Hallelujah〉, 〈I Love Her So〉 등이 공전의 히트를 기록했다.

하지만 헤로인 중독으로 세 번이나 구속이 되는 등 음악 천재의 아픔이 노출되기도 했다. 1980년대 중반에 로큰롤 명예의 전당에 헌액됐고, 1987년에는 그래미어워즈에서 평생 공로상을 수상했다. 물론 레이 찰스는 그래미에서만 13개의 트로피를 거머쥔 그래미 단골 손님이기도 하다. 60여 년간의 음악 생활을 통틀어서 레이 찰스에게는 한 가지 아쉬움이 있다고 했다. 그것은 수많은 레코딩과 다양한 아티스트와의 협연에도 불구하고 듀엣 앨범이 단 한 장도 없었다는 것이었는데 2004년 사망하기 얼마 전에 완성된 듀엣 앨범 『Genius Loves Company』에는 비비 킹, 엘튼 존, 나탈리 콜, 마이클 맥도널드, 보니 레이트, 밴 모리슨, 노라 존스 등 당대 최고의 뮤지션들이 레이 찰스의 마지막 음성과 함께하고 있다.

청각장애 속에서 헐크 연기한
루 페리그노

청각─배우─미국

    루 페리그노(Lou Ferrigno, 1951~)는 미국의 배우로 피트니스 트레이너,
프로 보디빌더이다. 1973년과 1974년 IFBB 미스터 유니버스에 오른 실력
을 가진 보디빌더로 당시 최고의 보디빌더로 불리우던 아놀드 슈왈츠제
네거를 위협했던 유일한 사람으로 알려져 있다.

    청각장애로 내성적인 성격을 가졌던 그는 보디빌딩으로 자신의 열등감
을 극복했다. 그는 펌핑 아이언, 보디빌딩 다큐멘터리에 출연했다. 배우로서
그는 텔레비전 드라마 〈헐크〉로 가장 잘 알려져 있고 〈두 얼굴의 사나이〉,
〈헤라클레스〉 같은 모험 영화에 출연했다.

한 팔의 드러머
릭 앨런

지체-드러머-영국

릭 앨런(Rick Allen)은 1980년대를 풍미했던 영국의 록 그룹 데프 레파드 (Def Leopard)의 드럼 연주자이다. 데프 레파드는 80년대에 접어들어 연속으로 3장의 앨범을 발표하면서 종래의 헤비메탈 사운드가 지니지 못한 부드러움과 팝적인 분위기를 조화시킨 신선한 사운드로 팬들로부터 전폭적인 지지와 함께 80년대를 이끌어 갈 뮤지션으로 평가받는다. 하지만 1984년 12월 릭 앨런이 교통사고로 왼쪽 팔을 어깨 부분부터 절단하는 수술을 받는다.

드럼 연주자에게 팔 하나가 없다는 것은 죽음을 의미하는 것과 마찬가지였다. 사고 이후 데프 레파드는 4년 동안 대중 앞에 모습을 나타내지 않는다. 그리고 언론에서는 그들이 해체되거나 드럼 연주자가 교체될 것이라는 추측성 보도가 이어진다.

하지만 앨런은 드럼 스틱을 놓지 않았다. 그는 하루 8시간이 넘는 피나는 연습을 했다. 한 손으로 치는 것이 익숙지 못해 자주 스틱을 떨어뜨렸지만 누구도 그의 집념을 꺾을 수는 없었다. 스태프들은 앨런을 위해 그만의 전자드럼을 만들어 주었고, 드럼 세트도 북의 숫자를 줄여 주었다. 앨런은 동료와 팬들의 기대에 보답이라도 하듯 1987년 『히스테리카 (Hyeteria)』 앨범으로 화려하게 복귀했다.

앨런의 재기는 단순한 연주의 완성도 차원을 떠나 장애를 극복한 인간 승리를 보여 주었다. 1989년 새 음반 홍보차 한국에 들른 앨런은 "어려움을 겪어 보지 않은 사람은 인간이 얼마나 강한 존재인지 알기 힘듭니다." 라는 의미 있는 한마디를 남겼다.

청각장애 배우
말리 매틀린

청각—배우—미국

말리 매틀린(Marlee Matlin)은 1965년 미국 일리노이주에서 태어났다. 그녀는 생후 18개월이 되었을 때 홍역에 걸려 오른쪽 귀 청력 모두와 왼쪽 귀 청력의 80%를 상실한 청각장애인이다.

유년기에 지역 내에서 연극 활동을 하던 것이 전부였으나 1986년 영화 〈작은 신의 아이들〉로 데뷔를 하게 된다. 그녀는 이 데뷔작을 통해 아직까지 깨지지 않는 기록을 만들어 놓았다. 현재까지 아카데미상을 수상한 유일한 장애인 연기자라는 기록이며 또한 그녀가 수상했던 여우주연상은 수상 당시 21세로 역대 최연소로 기록되고 있다. 골든 글로브상 여우주연상을 수상하는 등 영화배우로서 성공하였다.

그녀는 평소 '나는 농아배우가 아니라 배우이면서 동시에 농아인 한 인간'임을 강조해 왔고 미 상원에서 농아특수학교의 필요성을 역설하며 특수학교 보호 입안을 요구하기도 했다. 배우이면서 동시에 농아들의 권익에 앞장서는 사회운동가의 역할도 한 것이다.

어린이 프로그램 진행자 절단장애인 쎄리 버넬

지체—방송인—영국

영국 BBC 방송 어린이 프로그램에 새 진행자로 오른쪽 팔꿈치 아래가 없는 쎄리 버넬(Cerrie Bumell)이 발탁됐다. 버넬은 의수를 사용하지도 옷으로 팔을 가리지도 않고 그대로 드러내기 때문에 짧은 오른쪽 팔이 눈에 확 들어온다.

처음에 시청자들의 반응은 아주 따가웠다. 아이들이 악몽을 꾸지 않을까 걱정이 된다는 둥 버넬이 나오면 채널을 돌려 버린다는 둥 부정적인 평가를 했다. 하지만 그것은 어른들의 생각이었다.

버넬을 처음 보았을 때의 어린이들은 버넬의 팔에 대해 질문을 많이 했었지만 점차 평상시처럼 프로그램을 즐기고 있다고 한다.

호러물 전문 배우
빌리 오웬

안면─영화배우─미국

빌리 오웬(Billy Owen)은 영화배우이다. 그는 괴기 전담 배우로 각종 호러물에서 그 진면목을 보여 주고 있다. 그는 모터사이클 정비사였는데 SNUC(sinonasal undifferentiated carcinoma)이라는 생존율이 10%밖에 안 되는 암에 걸려 생을 포기하고 있었다. 비강이 막혀서 호흡이 불가능해지는 병이라서 잠시라도 생명을 유지하기 위해 안구를 포함한 얼굴의 절반을 잘라내는 수술을 받았다.

수술 후 숨을 쉴 수 있게 되었지만 거울에 비친 자기 얼굴을 보고 스스로 소스라치게 놀랄 정도로 흉측하였다. 오웬은 그런 모습으로 사느니 죽는 편이 낫다고 생각하고 죽음을 기다리고 있었지만 암세포는 더 이상 번지지 않았다. 암을 극복한 것이었다.

그때부터 오웬은 살아야 했다. 살기 위해서는 일을 해야 했기에 그는 엄청난 고통으로 얻은 얼굴을 활용하기로 하고 단역 배우를 찾는 영화 오디션에 참가하여 영화에 출연할 수 있는 기회를 얻게 되었다. 오웬은 영화배우로 새로운 인생을 살고 있다.

청각장애인 미스 프랑스
소피 부즐로

청각―미인대회―프랑스

　청각장애인으로 미스 프랑스 2위를 차지해 관심을 모은 소피 부즐로 (Sophie Vouzelaud, 1987~)는 2007년 미스 유니버스 대회에 프랑스 대표로 출전을 해서 세계적인 관심을 모았다. 부즐로는 선천적 청각장애로 소리를 들은 적이 없지만 귀가 안 들려도 숫자를 다루는 데는 문제가 없다는 생각에 대학에서 회계학을 전공하였다.

　그녀는 모델과 영화배우로 활약하면서 인기를 모으고 있는데 그 바쁜 가운데 장애인 복지 운동가로도 활동하고 있다. 특히 부즐로는 장애인 문화 향유권 확보를 위해 노력하고 있는데 그것은 장애인과 비장애인 사이를 좁히고 사회 통합을 이루는 데 문화가 큰 역할을 하기 때문이다.

　부즐로는 어렸을 때부터 미스 프랑스가 되는 꿈을 꾸었고 배우가 되고 싶어 했지만 사람들은 장애 때문에 불가능하다고 했다. 하지만 꿈을 버릴 수가 없어 목표를 세우고 도전했다. 그런 확고한 의지는 소피 부즐로가 꿈을 이루는 데 큰 힘이 되었다.

　소피 부즐로는 프랑스를 넘어 세계의 장애인들에게 꿈을 심어 주는 희망이 되고 있다.

휠체어를 탄 미녀
순지타 제인
지체―미인대회―미국

휠체어를 타고 미인 선발대회에서 우승한 의지의 미녀가 있다. 워싱턴 주립 대학생인 순지타 제인은 교통사고로 하반신이 마비되어 휠체어를 사용하지만 1994년 워싱턴주 미스 틴 선발대회에서 30명의 후보를 물리치고 당당히 우승하여 장애인뿐만 아니라 비장애인에게도 가슴 뭉클한 감동을 안겨 주며 미의 여왕 자리에 올랐다.

이 대회의 집행위원은 "11년간 대회에 관계해 왔지만 휠체어 수상자는 처음이었다."고 놀라워했다. 그는 미의 여왕 선발 기준이 10대 소녀로서의 교양, 개성, 학업성적, 자질 등이었다고 밝히면서 제인은 고교 졸업성적이 4.0만점인 데다 뛰어난 재치와 세련된 매너로 심사위원들을 사로잡았다고 전했다.

미스 틴 선발대회는 몸매를 보기 위한 수영복 심사가 없으며 이브닝 드레스 심사과정만 있다.

제인은 "나는 사람들에게 할 수 있다는 자신감만 가지면 무슨 일이든 이룰 수 있다는 것을 알려 주고 싶었다."고 수상 소감을 밝혔다.

언어장애를 극복하고 팝스타가 된 스캣맨 존

언어―가수―미국

　루이 암스트롱이나 엘라 피츠제럴드 등 재즈 가수의 노래에서나 들을 수 있는 스캣 창법을 댄스 리듬의 랩에 응용한 기발한 창법으로 선풍적인 인기를 모으고 있는 스캣맨 존(Scatman John)은 말을 더듬는 언어장애와 알코올중독 등의 시련을 극복하고 팝스타로 우뚝 섰다.

　어릴 때부터 유창성장애로 열등감에 시달리던 존은 노래를 부를 때만은 말을 더듬지 않았다. 의사소통이 부자유스러워 대인기피증까지 있던 존의 유일한 즐거움은 피아노를 치며 노래를 부르는 것이었다.

　대학 졸업과 함께 재즈 피아니스트로 데뷔했지만 오랜 무명의 설움은 그를 한동안 알코올중독에 시달리게 했다. 그러다 1995년 재즈에서 팝으로 전환하여 발표한 음반이 많은 사랑을 받아 가수로서 성공한다.

　"언어장애인이라는 사실을 스스로 받아들이기까지 오랜 세월이 걸렸죠. 조물주는 누구에게나 한 가지씩의 약점을 줍니다. 이를 극복해서 장점으로 만들면 인생에서 성공할 수 있는 거죠."

　장애를 이겨 내고 대스타로 거듭난 그는 자신의 아픔을 잊지 않고 세계 언어장애인협회 회원으로 활동하며 음반판매 수입의 일부를 말더듬이 교정을 위한 기금으로 기부하기도 했다.

팝 음악의 살아 있는 신화
스티비 원더

시각―가수―미국

스티비 원더(Stevie Wonder)는 1950년 미국에서 시각장애를 갖고 태어난 싱어송라이터이자 프로듀서, 사회운동가이다. 루치아노 파바로티는 스티비 원더의 콘서트에서 그를 "훌륭한, 아주 훌륭한 음악 천재(great, great musical genius)"라 평하기도 했다. 유아기 때 실명한 스티비 원더는 청소년기에 모타운 레코드와 계약한 후 지금까지 계속 같은 음반사에서 활동하고 있다. 첫 음반명은 『Little Stevie Wonder』이며, 발표 연도는 1963년으로 그의 나이 12세 때였다. 이후 그는 9개의 빌보드 차트 1위 곡들을 발표하는 등 지금까지 총 1억 장이 넘는 음반 판매고를 올렸다.

흑인 팝음악의 살아 있는 신화 스티비 원더는 리듬 앤 블루스, 소울 등 미국 흑인들이 창출해 낸 음악 장르를 꽃피운 음악인으로 대중적 인기뿐만 아니라 음악 전문가들도 그의 천재성에 경탄하고 있다. 그는 자신의 노래뿐만 아니라 유명 가수들에게 작곡, 제작을 해 주면서 리듬 앤 블루스가 미국 팝송의 중심으로 떠오른 데 결정적인 역할을 했다.

2008년 빌보드지는 빌보드 싱글차트 50주년을 기념하여 50년간 성공적인 차트 기록을 올린 음악가들의 기록을 분석해 순위를 발표했는데 (Billboard Hot 100), 스티비 원더는 5위에 올랐다. 스티비 원더는 피아노, 하모니카, 오르간, 베이스 기타, 콩가, 드럼 등 여러 가지 악기를 능숙하게 연주하는 것으로 유명하기도 하다.

〈록키〉로 일어선
실베스터 스탤론의 안면장애
안면—배우—미국

실베스터 스탤론(Sylvester Stallone)은 1946년 뉴욕 빈민가에서 태어났는데 산파의 실수로 왼쪽 눈 아래가 마비되고 발음이 정확하지 않은 안면장애를 갖게 되었다. 9세 때 부모의 이혼으로 생활은 더욱 어려워졌다. 학교도 여러 번 옮겨 다니느라고 공부도 제대로 못하였지만 마이애미대학에서 문학사를 취득하였다.

영화배우가 되겠다는 꿈을 갖고 고생 끝에 배우의 길로 들어섰지만 단역에 불과했다. 그는 돈을 벌기 위해 영화관 안내인, 경비원, 식당 종업원 등 닥치는 대로 일을 하였다. 그렇게 시간을 보내다가 배우로서 주목받기 어려운 30세가 되었다. 부인은 임신 중이고 수중에는 100달러밖에 없었다. 그는 마지막이라는 각오로 영화 시나리오를 쓰기 시작하였다. 스탤론은 문학을 전공하였기 때문에 작가로서의 소질도 있었다. 시나리오를 완성한 스탤론은 할리우드의 제작자들을 찾아다니면서 자신을 주인공으로 영화를 만들자고 설득했다. 제작비를 최소한으로 줄이라는 조건으로 투자를 받고 난 후 영화는 28일 만에 완성되었다. 개봉 후의 반응은 엄청났다. 그해 미국에서만 제작비의 50배가 넘는 돈을 벌어들였다. 전 세계적으로 큰 성공을 거둔 그 영화가 바로 〈록키〉이다. 록키에서 보여 준 실베스터 스탤론의 무표정한 연기는 바로 그의 안면장애 덕분이었던 것이다. 스탤론은 〈록키 2〉에도 감독, 출연하였다. 〈록키〉와 〈람보〉 시리즈가 연이어 성공하며 실베스터 스탤론은 세계적인 배우가 되었다.

스탤론은 각본을 쓰고 감독과 배우의 1인 3역을 감당하는 할리우드의 보기 드문 실력자이다. 2010년 역시 주연, 각본, 감독을 맡은 블록버스터 〈익스펜더블〉이 전 세계적인 히트를 쳐 노익장을 과시하였다.

두 다리 의족을 사용하는 모델
에이미 멀린스

지체—모델—미국

에이미 멀린스(Aimee Mullins)는 1976년 미국 펜실베이니아에서 종아리 뼈가 없이 태어나 1세 때 무릎 아래를 절단했다. 워싱턴에 있는 조지타운 대학 때 전미대학경기협회(NCAA)의 육상 경기에 출전하여 NCAA의 경기에 참여한 최초의 장애인이 되었다.

두 다리가 없는 여성 장애인이 패션모델, 영화배우, 육상 선수 등 다양한 분야에서 정열적인 활동을 펼치고 있어 전 세계 네티즌들 사이에서 화제가 되고 있다. 그녀는 장애인올림픽에 미국 대표 선수로 출전해 자신의 존재를 세상에 알렸고 그 후 1999년 알렉산더 맥퀸 패션쇼 모델로 데뷔하였으며, 2002년 영화 〈크리마스터 3〉에서는 배우로 열연, 책을 저술하며 강연 활동도 펼쳤다.

원더우먼으로 불리는 멀린스의 100미터 최고 기록은 15.77초이고 멀리 뛰기 기록은 3.5미터로 스포츠인으로서의 이미지도 강한 그녀는 기능과 디자인이 뛰어난 새로운 의족 개발의 필요성을 강조하며 장애인보조기구 홍보대사 역할도 하고 있다.

단점을 장점으로 만든 배우
올랜도 블룸

난독증—배우—미국

남모를 어려움 속에서 성공을 일구어 냈다면 그 성공은 더 큰 의미가 있다. 영화 〈반지의 제왕〉에서 레골라스 역으로 강한 인상을 보여 준 영국 배우 올랜도 블룸(Orlando Jonathan Blanchard Bloom)은 자신이 난독증장애를 갖고 있다고 고백을 했다. 장애어린이재단 행사에 참여해서 이런 깜짝 고백을 한 것인데 블룸은 난독증 때문에 학업에 큰 어려움이 있었고, 영화배우가 된 후에도 대본을 읽고 외우는데 남들보다 몇 배의 노력이 필요했다. 그가 이렇게 많은 노력을 하기 때문에 영화에서 그 진가가 나타난 것이다. 그러니까 난독증이 블룸을 허리우드 최고의 배우로 만들었다.

블룸은 영화 〈반지의 제왕〉 시리즈에서 스타덤에 오른 후 영화 〈캐리비안의 해적〉 시리즈, 〈블랙호크 다운〉, 〈트로이〉, 〈킹덤 오브 헤븐〉 등의 역사·판타지·모험 영화에 출연하며 명성을 더했다. 2007년 블룸은 유니세프 친선 대사로 선정되어 어려운 사람들을 돕는 일에도 앞장섰다.

세계 유일의 모델
위니 할로우
안면—모델—캐나다

위니 할로우(Winnie harlow, 1994~)는 캐나다 토론토에서 1994년에 태어났는데 4세 때부터 몸속 멜라닌 세포가 파괴되어 백색 반점이 점차 커지는 백반증 때문에 어린 시절 젖소, 얼룩말이라고 놀림을 당했다.

할로우는 슈퍼모델이 되는 꿈을 갖고 있었다. 사람들은 그녀가 철이 없어서 헛된 꿈을 꾸는 것이라고 생각했지만 그녀는 자신의 꿈을 포기하지도 자신의 피부를 원망하지도 않았다. 그녀는 백반증 피부를 이용하여 다른 모델들이 할 수 없는 피부 연출로 모델에 데뷔하였다. 본명 샹텔 브라운 영 대신 예명 위니 할로우로 바꾸고 활동을 시작하였는데 반응이 폭발적이었다. 그래서 세계적인 슈퍼모델이 될 수 있었다.

할로우는 인터뷰에서 "검은 피부를 가진 사람이 있고 하얀 피부를 가진 사람도 있어요. 저는 단지 두 가지를 다 가지고 있는 것뿐입니다."라고 하여 사람들을 감동시켰다.

할로우에게 백반증은 숨기고 싶은 아픔이었지만 자신의 백반증을 감추지 않고 그대로 노출하여 세계 패션계에 선구자적인 패션 아이콘이 되고 있다.

말더듬을 개성으로 만든 배우
제임스 얼 존스

언어—배우—미국

제임스 얼 존스(James Earl Jones)는 미시시피주에서 1931년에 태어나 미시간주의 농장에서 성장하였다. 아프리카계 미국인으로 어렸을 때 말을 심하게 더듬어 학교에서 친구들뿐만 아니라 선생님도 존스의 말을 알아듣지 못하였다. 할 수 없이 종이에 글을 써서 의사소통을 하였는데 이런 필담은 10대 중반까지 계속되었다. 미시간대학을 졸업하고, 1957년 브로드웨이 연극에 데뷔하였다. 영화 〈스타워즈〉에서 다스 베이더의 목소리와 다른 3개의 SF 영화들에서 성우로 목소리 연기를 맡았다.

존스는 덜거덕거리는 목소리를 지닌 배우로 유명한데 그것이 단점이 아니라 하나의 개성이 된 것이다. 출연작에 〈코난〉, 〈필드 어브 드림즈〉, 〈붉은 10월〉 등이 있다. 또한 텔레비전 시리즈 쿤타 킨테의 이야기를 다룬 〈루트〉에 출연하여 대중적인 인기를 얻었다.

뇌성마비 코미디언
조시 블루

지체—코미디언—카메룬

조시 블루는 카메룬에서 태어났는데 뇌성마비 장애를 갖게 되었다. 그의 아버지는 카메룬의 햄라인 대학에서 로망스어를 가르쳤다. 블루는 에버그린 스테이트대학에서 문예창작을 공부하던 블루가 대학의 오픈 마이크 무대에서 코미디를 선보였을 때 관중들이 그의 유머 감각에 열광했다. 2004년 라스베가스에 열린 로열 플러시 코미디 경연대회에서 그는 만 달러의 상금을 거머쥐며 당당히 우승을 차지하여 정식으로 데뷔를 하였다.

그 후 NBC의 리얼리티 쇼 2006년 시즌 4에서 수많은 경쟁자들을 물리치고 우승을 거머쥐어 지역이 아니라 전 미주에서 인정받는 코미디언으로 발돋움하였다.

블루는 이제 코미디 센트럴 채널뿐만 아니라 Fox, CBS, ABC, MSNBC 등 미국의 주요 채널들을 넘나들며 활동하고 있다. 그의 영화 〈조시 블루〉는 미국 내 220개 극장에서 개봉되었다.

조시 블루는 코미디언뿐만 아니라 장애올림픽 축구 선수, 화가, 배우 등 다양한 활동을 하고 있다.

그는 어눌한 목소리로 오른쪽 팔을 주먹을 날리듯이 계속 움직이며 개그를 하는데 그런 팔의 움직임은 뇌성마비로 근육을 통제할 수 없기 때문이다. 그것을 뇌성마비 펀치라며 개그 소재로 사용하고 있는데 사람들은 그의 개그에 폭소를 터트리면서 동시에 감동을 받기 때문에 조시 블루를 좋아한다.

비밥아 룰라의 주인공
진 빈센트
지체—가수—미국

미국의 버지니아주에서 1935년에 태어난 진 빈센트(Vincent Eugene Craddock)는 초기 로큰롤 음악의 선구자로서 많은 후배 가수들의 존경을 받는 가수이다. 그는 어린 시절 어머니가 운영하던 고향의 잡화점에서 우연히 듣게 된 음악에 매료되어 스피커 앞을 떠날 줄 모르며 음악을 듣곤 하였다. 진 빈센트가 악기를 처음으로 손에 쥐게 된 것은 12세 무렵으로 친구가 선물한 기타였다.

제2차 세계대전 당시 미국의 해안 경비대로 근무하였던 아버지의 영향으로 진 빈센트는 학교를 중퇴하고 1952년에 17세의 나이로 해군에 자원 입대하였다. 그는 해군 함대 소속으로 6·25전쟁이 일어난 한반도에 배치되어 한국전쟁에 참전하게 된다.

1955년 오토바이 사고로 왼쪽 다리를 절게 되는 장애를 갖게 된다. 부상으로 해군에서 전역한 진 빈센트는 고향에서 로커빌리 밴드인 '블루 캡스(The Blue Caps)' 를 결성하여 음악 활동을 시작하게 되었으며 노퍽 지역을 중심으로 공연 활동을 하였다.

1956년 『Be Bop A Lula』가 수록된 데뷔 싱글을 발표하였다. 이 노래가 히트를 치면서 엄청난 성공을 하게 된다. 〈Be Bop A Lula〉는 지금까지 기억되는 명곡이자 고전으로 분류되고 있으며 로큰롤의 역사에서 맨 앞장에 기록되는 곡이기도 하다.

영원한 슈퍼맨
크리스토퍼 리브

지체─배우─미국

크리스토퍼 리브(Christopher Reeve)는 1952년 뉴욕에서 태어났다. 코넬대학에 진학하여 공부하면서 직업 배우로도 활동하였다. 지방 무대에서 활동하다가 1976년 브로드웨이로 진출하여 1978년 해양영화 〈위기의 핵잠수함〉에서 단역으로 데뷔하였고 같은 해 SF영화 〈슈퍼맨〉에 주인공으로 출연하여 일약 스타덤에 올랐다. 시리즈로 제작된 〈슈퍼맨 2〉와 〈슈퍼맨 3〉에 계속 주인공으로 발탁되어 슈퍼맨이란 이미지를 굳혔다.

1995년 승마대회에 참가하였다가 말에서 떨어져 전신마비장애를 갖게 되었지만 1996년 슈퍼맨답게 휠체어를 타고 아카데미상 시상식에 참석하였다. 1998년에는 A.히치콕 감독의 작품을 리메이크한 스릴러 영화 〈이창〉에 출연하여 영화배우로서 건재한 모습을 보여 주었다. 리브는 전미척수마비협회 이사장을 맡아 척수장애인을 위해 재활운동과 척추연구, 의료보호 확대를 요청하는 사회운동을 벌였다. 1992년 결혼한 아내 다나는 사고 후에도 그의 곁을 떠나지 않고 극진히 간호하며 아름다운 부부애를 과시하기도 했다.

"우리는 삶에 있어서 우리가 생각할 수 있는 것보다 훨씬 더 많은 것을 성취할 수 있다."는 리브에 대해 멋쟁이 배우 시절보다 더 위대한 인간 드라마를 보여 주고 있다고 경의를 표하며 크리스토퍼 리브를 지지해 주었지만 그는 2004년 갑작스런 심장마비로 세상을 떠났다.

악보 없이 8천 곡 연주하는
토니 데블로이스

지적─피아니스트─미국

1974년 예정보다 빨리 세상에 태어난 토니는 체중이 불과 0.45kg이었다. 당황한 의사는 겨우 숨을 깔딱대는 토니에게 산소마스크를 씌웠다. 아이의 호흡을 위한 조치였지만 막 세상 빛을 본 신생아에게 과다한 산소 공급은 미숙아 망막변성증 등 치명적 결과를 초래하기도 한다.

불행히도 토니는 산소 과다 공급 탓에 태어난 며칠 뒤 완전히 시력을 잃었다. 미숙아로 태어난 탓에 체중이나 신장 등도 정상아에 못미쳤다. 설상가상으로 자폐증까지 찾아왔다. 하지만 2세 때 토니에게 한 줄기 빛이 보이기 시작했다. 우연히 피아노 앞에 앉은 토니는 홀로 연주를 시작했고, 이 순간부터 완전히 음악에 빠져들었다. 앞을 못 보는 자폐아로 살아갈 아들을 걱정하던 부모는 토니의 놀라운 재능을 발견하고 기뻐했다.

토니는 피아노는 물론 기타, 하모니카, 트럼펫, 우쿨렐레, 색소폰 등 스무 가지나 되는 악기 연주방법을 통달했다. 누구의 도움 없이 약 8,000곡을 연주했다. 악보를 보지 못하는 토니는 오로지 귀로 음악을 터득해 사람들을 놀라게 했다.

흑인 여성 장애인 미즈 아메리카
트레이시 브로튼

지체—미인대회—미국

2011년 미국의 가장 아름다운 미즈로 등극한 트레이시 브로튼(Tracy Broughton) 이름이 호명된 순간 청중석은 물론 무대에 서 있던 미녀들까지 한꺼번에 환호를 터뜨렸다. 흑인 여성 장애인이 미즈 아메리카로 뽑힌 것에 그 누구도 이의를 제기하지 않았다. 그녀는 목발을 짚고 무대를 돌며 청중에게 인사를 했다. 당당한 아름다움이 돋보였다.

미즈 아메리카는 단순한 아름다움보다는 교양과 성품 등을 고려하는 만큼 완벽한 미인을 선발하는 대회라고 할 수 있다. 미즈 아메리카에 흑인이 왕관을 쓴 것도 처음이고, 장애인이 타이틀을 거머쥔 것도 처음 있는 일이어서 사람들을 놀라게 하였다.

이브닝 드레스, 스포츠 웨어 등을 입고 그녀는 청중 앞에서 당당하게 걸었고 인터뷰도 인상 깊게 했다. 그리고 마침내 그녀의 머리에 왕관이 씌워졌다.

"우리 사랑하는 아이들에게 꿈을 이룬 엄마의 모습을 보여 주게 되어 정말로 기쁩니다."

관중석에서 엄마를 응원한 11세 쌍둥이 아들 트리스톤과 타일러를 보며 그녀가 수상 소감을 말했다. 어리광을 부리기만 해야 할 어린 두 아들이 자기 키보다 훨씬 큰 엄마의 휠체어를 밀어 주며 오히려 엄마를 보살펴 주었다며 아이들에게 고마움을 전했다.

트레이시 브로튼은 이 상이 아이들에게도 자신감을 주게 될 것이라며 남다른 가치가 있음을 강조하였다.

다운증후군 배우
파스칼 뒤켄

지적—배우—프랑스

　1996년에 개봉된 프랑스 영화 〈제8요일〉에서 잘 나가는 세일즈맨 해리의 차에 어느 날 생면부지의 청년이 무단 승차한다. "나 다운증후군 장애인이다."라고 소개하는 조르주의 얼굴은 분장이 아니다. 조르주 역을 맡은 파스칼 뒤켄(Pascal Duquenne)이 다운증후군 장애인이기 때문이다. 파스칼 뒤켄은 1970년 벨기에에서 태어나 프랑스에서 활동하고 있다.

　자코 반 도마엘 감독이 파스칼 뒤켄을 캐스팅한 이유는 다운증후군 역을 가장 잘할 수 있는 건 다운증후군 당사자라고 생각했기 때문이다.

　그래서 감독은 연극무대에서 활동하던 뒤켄을 불러들였고 이 시도는 성공한다. 영화 〈제8요일〉은 서로 다른 세계에 살고 있는 두 남자가 서로의 세계를 이해하고 인정하며 행복을 발견하는 과정을 지극히 선량하게 그려내 세일즈맨 헤리 역의 다니엘 오퇴유와 다운증후군 연극배우 파스칼 뒤켄이 나란히 칸영화제 남우주연상을 수상하게 하였다.

　다운증후군 장애인이 영화제에서 남우주연상을 받았다는 것은 실로 놀라운 사실이다. 시상식 직후 기자회견에서 뒤켄은 선배 배우이자 통역자가 되어 버린 다니엘 오퇴유의 어깨에 고개를 비스듬히 기대고 기쁨에 들뜬 소리로 말했다고 한다.

　"매우 기쁘다. 고맙다."

　2009년 〈미스터 노바디〉로 다시 팬들을 찾아왔다.

BBC 뉴스 앵커 안면장애인
제임스 패트리지

안면─방송인─영국

영국 BBC 방송의 정오 뉴스에 화상으로 안면장애가 있는 제임스 패트리지(James Partridge)가 등장해 큰 성공을 거뒀다. BBC는 장애인에 대한 편견을 없애자는 차원에서 패트리지를 기용한 것인데 방송이 나간 직후 그의 뉴스 진행 장면 동영상이 각종 인터넷 사이트에서 폭발적인 조회수를 기록했다.

여론조사에 의하면 안면장애인을 TV 뉴스 앵커로 기용한 것은 매우 좋은 아이디어라는 응답이 44%였고 안면장애인이 앵커로 나선다고 해서 채널을 돌리지 않을 것이라는 응답이 64%나 됐다.

제임스 패트리지는 안면장애인을 위한 체인지 페이스(Changing Faces) 대표로 활동하고 있다.

영혼의 목소리
호세 펠리치아노
시각—가수—미국

　호세 펠리치아노(Jose Feliciano)는 1945년에 미국 영토인 서인도제도의 푸에르토리코의 힐타운에서 빈농의 아들로 태어났는데 앞을 보지 못하는 시각장애를 갖고 있었다. 미국에 이민을 와서 스페인 이민촌 빈민굴에서 성장하였다. 9세 때부터 기타를 배우기 시작한 그는 18세 때 뉴욕으로 진출하여 스페니쉬 할렘에 있는 푸에르토리코 극장에서 처음으로 무대에 섰다. 1963년에 뉴욕의 포크 클럽인 포크 시티에 출연하던 중에 RCA 레코드사에 발탁되어 계약을 맺었으며 1964년에는 뉴포트 포크 페스티벌에 출연하는 등 활발한 활동을 벌였다.

　그 후 호세 펠리치아노는 1965년 여름에 자신의 데뷔 앨범 『The Voice And Guitar of Jose Feliciano』를 발표했다. 그리고 1966년 1월에는 두 번째 앨범 『A Bag Full of Soul』을 발표하면서 탁월한 자신의 어쿠스틱 기타 솜씨를 펼쳐 보였다. 그의 노래 대부분이 스페인어였기 때문에 라틴 아메리카 쪽에서 인기가 있었고, 그가 정작 미국에서 그의 이름을 드날린 것은 도어스(Doors)가 발표하여 히트시켰던 〈Light My Fire〉를 리바이벌한 것이 1969년 팝차트 3위까지 올라 대중에 알려졌고, 그해 미국 프로야구 월드시리즈 5차전에서 미국 국가를 불러 더욱 자신의 주가를 올렸다.

　소울 풍의 휠링이 섞인 그의 목소리는 동양적인 애수에 차 있기도 하며, 호세 펠리치아노가 발표해 국내에서 지금까지 애청되고 있는 〈Once There Was A Love〉는 포근함까지 곁들이고 있다. 32개의 골든앨범과 2회에 걸쳐 그래미상을 수상한 바 있는 호세 펠리치아노는 RCA 레코드사에서 모타운 레코드사로 이적해 『Jose Feliciano』를 내놓고, 그중에서 싱글 〈Everybody Loves Me〉를 히트시켜 자신이 수퍼스타임을 입증하였다.

최초의 장애인 미스 아메리카 화이트 스톤

청각—미인대회—미국

헤더 화이트 스톤(Heather Whitestone)은 1995년 장애인으로서 사상 최초로 미스 아메리카가 되어 전 세계 장애인들에게 희망을 주었다. 그녀는 생후 18개월에 고열로 청각장애를 갖게 되었다. 청각장애로 교과 과정을 따르기 힘들었지만 평점 3.6으로 고등학교를 졸업했다. 대학에 들어가서는 어려운 가정 형편 때문에 장학금을 위해 미스 앨라배마 대회에 참가했다가 2번 모두 2등에 그쳤다. 그러나 그녀는 포기하지 않았다. 그녀는 자신의 이름인 화이트 스톤을 정확하게 발음하는데 6년이나 걸렸지만 그런 노력이라면 미스 앨라배마가 될 수 있다고 생각했다. 결국 3번째 도전 끝에 그녀는 미스 앨라배마에 뽑혔고 1995년 앨라배마 대표로 미스 아메리카 대회에 출전했다.

그 대회에서 그녀는 가수 샌디 페티의 〈슬픔의 길〉이란 노래에 맞추어 발레 시연을 해서 많은 사람들의 마음에 깊은 감동을 남겼다. 마침내 그녀는 75년의 미스 아메리카 대회 역사상 최초로 장애인으로서 미스 아메리카에 뽑혔다. 75회 미스 아메리카 대회 최고 미인의 이름이 호명되는 순간 관객과 중계방송을 지켜보는 시청자들은 기쁨의 환성을 질렀지만 정작 본인은 자신의 이름을 듣지 못해 기쁨의 반응을 보이지 않았다. 2등을 한 미인의 축하 키스를 받고서야 자신이 미스 아메리카가 되었다는 것을 알고 눈물을 흘리며 수화로 사랑한다는 감사의 인사를 하는 모습은 아름다움의 극치를 보여 주었다.

그녀는 1996년 존 맥컬럼(John A. McCallum)과 결혼해 두 자녀를 낳고 비전 전도사로 정열적으로 활동하고 있다.

제6부
—
체육

소아마비 축구 선수
가린샤

지체―축구―브라질

　가린샤((Manuel Francisco dos Santos)는 브라질의 매우 불우한 가정에서 태어났다. 아버지는 지독한 알코올중독자였고, 너무나 가난했다. 게다가 가린샤는 6세 때 소아마비에 걸려 다리를 몹시 절었다. 동네에서 그는 모자란 아이 취급을 받았다. 실제로 20세를 넘긴 이후에도 숫자를 제대로 셀 줄 몰랐으며, 1958년 월드컵을 앞두고 페올라 감독이 실시한 IQ 검사에서는 33이란 믿기 힘든 수치가 나왔다. 또한 가린샤의 언어 구사 능력이나 어휘력은 사실상 초등학생 수준이었다. 그러나 가린샤에게도 독특한 재주가 한 가지 있었다. 당시 브라질의 빈민가 소년들은 새총으로 굴뚝새를 사냥하며 노는 것을 즐겼는데, 그 솜씨만큼은 동네에서 가린샤를 따라올 사람이 없었다. 그의 이름이 마노엘 프란시스코 도스 산토스여서 보통 줄여서 마네(Mane)라고 부르지만 사람들은 그를 가린샤(Garrincha: 포르투갈어로 굴뚝새)라는 별명으로 불렀다.

　가린샤는 새총 솜씨 이외에도 축구 실력 또한 남다르게 뛰어났다. 동네 제일의 실력자로 유명세를 떨친 결과 19세 때에 브라질 명문 보타포구에서 입단 테스트를 제의받기까지 했다.

　이 테스트에서 가린샤는 훗날 브라질 역대 최고의 왼쪽 수비수로 추앙받게 되는 니우톤 산토스를 너무도 가볍게 눌러 버렸다. 가린샤의 천재적인 드리블 솜씨에 놀란 니우톤 산토스가 구단 측에 합격을 추천하여 가린샤의 축구 인생이 시작된 것이다. 가린샤가 정식으로 브라질 대표팀 데뷔전을 치룬 것은 1955년이었으며, 당시 그의 나이는 21세였다.

　1958년 월드컵 당시 가린샤는 우측 공격수로서 자갈로, 펠레, 바바와 함께 막강 4인방을 이뤘다. 이 대회에서 가린샤는 남다른 드리블 돌파 실력을 선보였다. 가린샤의 활약상은 충분히 빼어났지만, 17세의 펠레에 가려져 조연에 머물렀다. 가린샤가 진정한 주인공으로 떠오른 대회는 4년 뒤 1962년 월드컵이었는데, 이 대회에서 가린샤는 펠레가 부상으로 출전을 하지 못하자 브라질의 에이스로 군림하며 팀을 우승으로 이끌게 된다.

1962년 월드컵을 자신의 독무대로 만들어 버린 가린샤는 곧바로 세계적인 수퍼스타 대접을 받았다. 심지어 유럽 언론들은 '펠레의 유일한 라이벌은 바로 브라질 안에 있었다.'며 가린샤를 극찬했다. 소아마비로 장애를 갖게 된 소년이 부와 명예를 한꺼번에 거머쥔 순간이었다. 그러나 가린샤는 갑작스럽게 찾아온 영광을 제대로 감당해 내지 못했다. 휴식 없는 무리한 경기 일정으로 부상에 시달렸으며 부인과 이혼하고 미녀 여가수와 재혼하는 스캔들까지 일으켰다. 하지만 이 여가수와의 재혼 생활은 결코 순탄치 않았다. 가린샤는 재혼 실패를 이겨 내지 못하고 알코올에 빠져들었고, 고질적인 무릎 부상까지 겹쳐 1966년 월드컵에서 부진한 경기로 패배의 주범이란 비판을 받았다.

그 후 국가대표 선수 유니폼은 벗었지만 근근이 선수 생활을 이어 가다 39세에 현역에서 은퇴했고 은퇴 후에는 자녀 양육비 문제로 재산을 전부 탕진하고 술로 외로운 나날을 보내다가 49세에 사망했다.

천재 드리블러 가린샤는 1983년 역사 속으로 사라졌다.

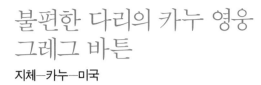

불편한 다리의 카누 영웅
그레그 바튼

지체―카누―미국

카누 1인승 1만 미터 경기에서 독보적인 존재로 군림하며 세계적인 명성을 떨친 그레그 바튼은 다리가 불편한 장애인이다.

그는 안짱다리로 태어나 11세가 될 때까지 네 차례의 수술을 받았으나 더욱 악화되어 왼쪽 다리가 오른쪽 다리보다 약 3센티미터 가량 짧아 불균형한 상태가 되었다. 이런 신체적 조건 때문에 그는 스포츠 열등생이었다. 학업에서는 늘 1등을 놓치지 않던 그는 카누광이었던 아버지의 영향으로 카누를 시작했다. 바튼의 기량은 날이 갈수록 발전하여 카누를 시작한 지 2년 후인 1973년에는 국가대표인 형과 짝을 이뤄 미국선수권대회에 출전하였는데 지구력이 뛰어난 바튼은 1만 미터 경기에서 미국 내 모든 대회를 휩쓸었다. 하지만 올림픽 종목인 1천 미터 경기에서는 번번이 등외로 처졌다. 스피드가 없었기 때문이다. 그러나 형과 주위의 도움으로 새로운 기량을 익혔고 차츰 스피드가 붙기 시작한 바튼은 그 후 LA올림픽 1천 미터에서 따낸 동메달을 시작으로 메달 수집에 나서 각종 대회에서 획득한 금메달이 40여 개에 이른다.

명문대인 미시간대를 졸업하고 기계설계사로 일하고 있는 바튼은 뛰어난 화술과 유머로 주위의 관심을 한몸에 받아 카누 선수로서 뿐만 아니라 한 인간으로서도 성공적인 삶을 살고 있다.

올림픽 최초의 휠체어 선수
네롤리 페어홀

지체—양궁—뉴질랜드

1984년 LA올림픽 개막을 지켜본 전 세계 시청자들은 7천 8백여 명의 올림픽 참가 선수들 속에 유일하게 휠체어를 타고 입장한 여자 선수를 생생하게 기억할 것이다. 그녀는 뉴질랜드 여자 궁도 선수 네롤리 페어홀로 올림픽 사상 최초의 휠체어 선수이다.

그녀는 1969년 오토바이 사고로 20m 아래 언덕으로 굴렀다. 7개월간의 병원 치료가 끝났을 땐 하반신 마비라는 장애가 그녀를 붙잡고 있었다. 승마 선수였던 그녀는 운동을 포기할 수 없어서 재활 과정에서 잡은 활로 양궁 선수가 된 입지전적 인물이다.

1982년 브리즈번 대회 금메달리스트인 페어홀은 올림픽에서의 성적은 부진했지만 그녀의 의지는 금메달 이상의 것이었다.

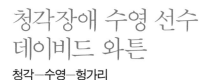

청각장애 수영 선수
데이비드 와튼

청각—수영—헝가리

1988년 서울올림픽 수영 남자 400미터에서 헝가리의 다르니 선수와 선두를 놓고 치열한 경쟁을 벌인 미국의 데이비드 와튼은 아쉽게 은메달에 그쳤지만 그가 청각장애 속에서 일군 승리이기에 당시 신문에서는 '시각·청각장애인 나란히 금·은메달' 이라는 제목으로 금메달 비중으로 은메달의 와튼 선수를 소개하였다.

와튼은 1987년 호주에서 열린 범태평양선수권대회에서 우승하며 시각장애가 있는 타마스 다르니 선수와 앞서거니 뒤서거니 하며 라이벌이 되었다.

평소 보청기를 이용해야 상대방의 말을 들을 수 있는 와튼은 출발 신호를 들을 수 없어 다른 선수가 출발하는 것을 보고 물에 뛰어들어가기 때문에 출발이 항상 늦다. 그래서 그는 물속에서 다른 선수들보다 더 빠르게 헤엄을 쳐야 한다. 경기가 끝나도 아나운서의 멘트를 들을 수 없어서 전광판을 보고 결과를 안다. 그래서 메달을 획득해도 즉각적인 기쁨을 표현하지 못한다.

현재 뉴알바니에 있는 고등학교에서 수영 코치로 재직하고 있다.

소아마비 챔피언
도디 페날로사
지체—권투—필리핀

　1984년 5월 13일 문화체육관에서 벌어진 IBF(국제권투연맹) 주니어 플라이급 타이틀 매치에서 필리핀의 챔피언 도디 페날로사는 김재홍 선수를 4차례나 다운시키는 등 일방적으로 경기를 운영하다가 9회 2분에 TKO승을 거두었다.

　그런데 경기를 본 사람은 페날로사가 절룩절룩거리며 주먹을 휘두르는 모습에 의아해했다. 페날로사는 소아마비 장애인이다. 그가 다리 힘이 약한 장애 속에서 권투 선수로 챔피언이 될 수 있었던 것은 지능적인 압박 복싱 덕분이었다. 가느다란 다리로 절룩거리는 페날로사를 얕잡아 보았다가 난타를 당해 쓰러지는 도전자들이 한두 명이 아니었다.

　페날로사 집안은 권투 가문이다. 무려 5체급에서 세계 타이틀을 갖고 있다. 이런 분위기 속에서 장애를 가진 도디 페날로사도 권투에 도전을 한 것인데 가문의 영광을 잇는 챔피언이 되었다.

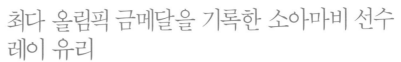

최다 올림픽 금메달을 기록한 소아마비 선수 레이 유리

지체—육상—미국

올림픽 사상 가장 많은 금메달을 차지한 선수는 소년 시절을 휠체어 위에서 지낸 장애인이다.

레이몬드 레이 클라렌스 유리(Raymond Ray Clarence Ewry, 레이 유리)는 미국의 육상 선수로 올림픽에서 8개의 금메달을 땄고 중간 올림픽(1906년에 아테네에서 열림)에서 2개의 금메달을 추가해 가장 성공한 올림픽 선수라는 수식어가 늘 따라다닌다.

유리는 1873년 인디애나주에서 태어났는데 어렸을 때 소아마비 진단을 받았다. 그는 어린 시절 휠체어로 이동을 했으나 유리는 스스로 운동을 하며 다리 힘을 키워 휠체어에서 벗어났다. 유리는 퍼듀대학에 입학했다. 공학도였던 그는 졸업 후 뉴욕선수협회에 들어갔다. 그곳에서 그는 지금은 폐지된 종목인 제자리뛰기(제자리멀리뛰기, 제자리높이뛰기, 제자리세단뛰기)를 연마했다. 이 종목들은 멀리뛰기, 높이뛰기, 세단뛰기와는 다르게 달려가며 뛰어오르지는 않는다.

유리는 자신이 세계 최고의 제자리뛰기 선수라는 것을 입증했다. 파리에서 열린 1900년 파리올림픽에 처음 참가해 제자리뛰기 종목을 휩쓸었다. 1904년 세인트 루이스올림픽에서도 유리는 성공적으로 자신의 챔피언 타이틀을 방어했다. 세단뛰기 종목은 이 대회 이후로는 사라졌지만 남아 있는 두 개 제자리뛰기 종목을 1906년 중간 올림픽과 1908년 런던올림픽에서 금메달을 획득해 모두 10개의 금메달을 땄다. 이 금메달 숫자는 2008년에 마이클 펠프스가 12개의 금메달을 따기 전까지 가장 많은 금메달 수였다.

유리의 대단함은 제자리멀리뛰기에서 그가 세운 세계기록인 3.48m가 이 종목이 폐지될 때까지 깨지지 않았다는 점이다.

두 팔 없는 미식축구 선수
로니 웨스트

지체—축구—미국

　두 팔이 없는 장애를 딛고 미식축구 선수가 된 로니 웨스트가 살아온 삶은 끊임없는 자기와의 싸움이었다. 그는 어머니의 약물 복용으로 태어날 때부터 두 팔이 없이 태어났다. 그러나 6세 때부터 수영으로 몸을 다져 미식축구 사상 처음으로 두 팔이 없는 미식축구 선수가 되었다.

　미식축구 경기가 쉽지만은 않았다. 포지션이 키커라고 했지만 태클을 해야 하고 필드골 시도도 봉쇄해야 하기 때문이다. 그러나 로니를 가장 괴롭히는 것은 장애인을 키커로 세웠다는 상대 선수들의 비난이었다. 그러나 로니의 동료들은 그에게 격려를 아끼지 않았으며 그에 힘입어 로니는 경기를 거듭할수록 자신감을 가졌다. 그는 "이 세상에는 왼손잡이가 많이 있는데 나는 외발잡이다." 라는 농담을 하며 자신에 찬 삶을 살고 있다.

메이저 대회 우승을 차지한 청각장애인 골퍼 마르타 노스

청각—골프—미국

미국 메이저 골프대회인 드 모리어클래식에서 우승을 차지한 청각장애인 여자 골퍼 마르타 노스는 1992년 귀 신경을 다쳐 골프를 할 수 없다는 판정을 받았으나 포기하지 않고 재기하여 우승을 차지했다.

그녀는 우승이 확정된 순간 소감을 묻는 기자들의 질문에 "의사들은 거짓말쟁이였다."며 2년 동안의 병마와 고통을 이겨 내고 얻은 승리의 기쁨을 만끽했다.

1978년 프로에 데뷔한 후 통산 2승밖에 올리지 못했던 그녀가 청각장애인이 된 후 오히려 메이저 대회에서 우승을 차지한 것은 시련에 부딪칠수록 강해지는 인간의 강인한 면모를 다시 한 번 느끼게 해 준다.

두 팔로 수직 암벽등반에 성공한 마크 웰던

지체―등반―미국

하반신을 쓰지 못하는 마크 웰던이 660미터 높이의 수직 암벽등반에 성공해 감동을 자아내고 있다. 그는 8일간의 사투 끝에 캘리포니아주 요세미트 국립공원 내 하프돔을 정복하여 장애 때문에 할 수 없는 일은 없다는 것을 잘 보여 주었다. 캘리포니아에서 태어난 평범한 산악인이었던 웰던은 추락사고로 척수장애인이 되었다.

휠체어 인생이 되어 버린 웰던은 실의를 달래려고 대학에 진학하여 공부를 하였고, 테니스와 스키 선수로 활동하면서 장애인 스포츠 스타로 각광을 받았다. 그러나 웰던은 등반을 하느라 지문까지 지워진 자신의 손바닥을 들여다볼 때마다 암벽등반에 대한 미련을 떨칠 수 없었다. 그래서 그는 도전했다. 젊음을 앗아갔던 바위에서 죽음을 담보로 새 인생을 꽃피우라는 친구 콜베트의 격려로 난코스로 소문난 하프돔을 오르기로 결심하였다.

틈새 하나 없는 거대한 반달 모양의 바위를 오르기 위해 네 팔과 두 다리란 특이한 등반 시스템을 고안했다. 하반신을 한데 묶은 웰던이 선두에 서고 콜베트는 후미에서 징을 박아 가며 안전장치를 확보했던 것이다. 120킬로그램의 식량까지 짊어진 이들이 겨우 한 손을 뻗쳐 봤자 약 15센티미터로 하루 동안 1백 미터도 오르지 못하는 거북이 걸음이었다. 1주일 동안 30센티도 안 되는 공간에서 새우잠을 자며 4천 5백 번이나 팔을 내디뎌 정상에 오른 그는 "난 이제 장애인이 아니다." 라고 외쳤다.

전설의 복서
무하마드 알리의 장애

파킨슨병―권투―미국

전설적인 복싱 영웅 무하마드 알리(Muhammad Ali, 1942~)가 제2의 전성기를 누리고 있다. 선수 생활 때 입은 펀치드렁크의 후유증으로 파킨슨병을 앓고 있는 알리가 전 세계 장애인들의 희망으로 부각되면서 상담과 위문 활동, 강연 등으로 바쁜 나날을 보내는 것이다.

미시간주 작은 마을에 은거하고 있던 알리가 갑자기 부상한 것은 1996년 애틀랜타올림픽 개회식 때 성화 최종 주자로 나선 그가 병마로 인해 쉴 새 없이 흔들리는 몸으로 성화에 점화하는 모습이 전 세계인들에게 뭉클한 감동을 주었기 때문이다. 올림픽이 끝나고 그의 집에는 매일 수백 통의 전화가 걸려왔는데 "당신 덕에 희망을 갖고 살게 됐다." 또는 "당신은 내 남편에게 영감을 주었다. 죽는 날만을 기다리고 있던 남편이 요즘 거리에서 나도 알리와 같은 파킨슨병 환자라고 외치고 다니며 삶에 의욕을 보이고 있다."고 고마움을 전했다.

상황이 이쯤 되자 알리도 가만히 앉아 있을 수만은 없었다. 불편한 몸을 이끌고 이곳저곳을 누비며 희망의 전도사로서 활약하게 되었다. 알리는 마비된 근육을 힘들게 움직여 사람들에게 말한다.

"내가 성화에 점화할 때 왜 울었죠? 나도 했는데 여러분은 왜 못합니까. 뭐든지 포기하지 마세요."

알리는 장애인들에게 우상으로 자리잡았다.

한 팔의 서핑선수
베서니 해밀턴
지체―서핑―미국

베서니 해밀턴(Bethany Hamilton, 1990~)은 하와이주 카우아이 섬 출신으로 한쪽 팔의 서퍼이다. 어렸을 때부터 서핑을 하여 서핑대회 어린이 부문에서 우승하였다. 립 컬이 스폰서가 될 정도로 미래의 프로 서퍼로 기대되고 있었다. 2003년 카우아이 해변에서 가족들과 서핑을 즐기고 있었는데 그때 상어 공격을 받아 왼팔을 어깨 아래부터 잃었다. 전신의 혈액 60%를 잃어 생명이 위태로웠으나 7일 만에 의식을 찾았다.

해밀턴은 사고의 충격에도 불구하고 1개월도 지나지 않아 다시 서핑을 시작했다. 이전보다 길고 약간 두꺼운 보드를 주문 제작하여 패들을 쉽게 조작할 수 있도록 했다. 또한 왼손 대신 다리를 더 많이 사용하였다. 이렇게 준비를 한 해밀턴은 사고 이듬해인 2004년에 서핑대회에 출전했다. 해밀턴의 도전에 사람들은 성적에 상관 없이 환호하였다.

이런 관심 속에서 같은 해 ESPY 상의 컴백상과 틴 초이스 어워드의 특별상을 수상했다. 그해 자서전 『Soul Surfer』를 간행했다. 그리고 2005년 전국학생서핑협회의 챔피언이 되었다. 한 팔의 서퍼가 챔피언이 된 것은 완벽한 성공이었다. 해밀턴은 계속 화제의 주인공으로 대중적인 사랑을 받아 2011년에는 자서전을 바탕으로 한 영화 〈소울 서퍼〉가 개봉되어 전 세계에 소개되었다.

여성 장애인 최초로 철인3종경기를 완주한 사라 라이너첸

지체—철인3종—미국

　사라 라이너첸(Sarah Reinersten)은 미국 롱아일랜드에서 왼쪽 다리 대퇴골이 없는 상태로 태어났다. 의족을 착용하기 위해 7세 때 다리를 절단했다. 라이너첸은 운동을 좋아해서 11세 때 달리기를 시작하여 13세 때 처음으로 여성 장애인 100미터 육상에서 세계신기록을 세웠다. 라이너첸은 2004년 하와이 코나에서 열린 세계 철인3종경기 챔피언십에 도전하여 실패하였지만 2005년에 다시 도전하여 15시간 만에 결승선을 통과하였다. 그 결과 철인3종경기 풀코스를 완주한 최초의 여성 장애인이 되었다. 국제트라이애슬론 장애인 부문에서는 세계챔피언을 차지하였다. 라이너첸은 장애인선수재단의 대변인이자 동기부여 강사로 활동하고 있다.

휠체어를 탄 마라톤 영웅
아베베
지체─마라톤─이디오피아

건강을 자랑하던 올림픽의 영웅이 장애인이 되어 장애인올림픽에 참가한 선수도 있다. 바로 아베베 비킬라(Abebe Bikila, 이디오피아 말로 꽃봉우리가 핀다는 뜻)이다.

1932년 이디오피아의 모우트란 마을에서 태어난 그는 1960년 로마올림픽의 마라톤에서 2시간 15분 16.2초로 금메달을 차지했다. 이것은 종전의 기록을 15분이나 단축시킨 것이었다.

그런데 1964년 동경올림픽을 앞두고 맹장염에 걸려 맹장 수술을 받고 10일 만에 다시 연습을 시작했다. 그리고 채 한 달도 지나지 않아 동경올림픽 마라톤에 출전하는데 2시간 12분 11.2초로 자기 기록을 다시 3분 단축시켜 마라톤 사상 최초의 2연패를 하는 전설적인 능력을 보여 주었다. 그 후 아베베는 이디오피아의 일급 명사가 되었다.

1968년 멕시코올림픽에 아베베는 세 번째로 출전했다. 그러나 출발한 지 10마일(1마일은 약 1.6km) 되는 지점에서 다리에 부상을 입고 중도에서 시합을 포기했다. 하지만 아베베는 멕시코올림픽에서 돌아온 뒤, 다시 대위로 진급했다(일등병이던 그는 올림픽에서 금메달을 딸 때마다 진급을 했었음).

그런데 1년 뒤, 아디스아바바에서 자동차를 타고 가다가 충돌 사고로 심한 부상을 입었다. 사고 즉시 아베베는 비행기로 영국의 스토우크맨데빌 병원으로 후송되어 집중 치료를 받았다. 그때 마침 영국을 방문 중이던 셀라시에 황제가 병원으로 문병 와서 격려해 주었다. 황제는 물론 온 국민이 쾌유를 빌었지만 아베베는 허리 아래 하반신이 마비되고 말았다.

선수 활동은 물론 군대 생활도 하지 못하게 되었다. 그러나 셀라시에 황제는 아베베의 공적을 기념하여 활동은 하지 못하더라도 계속 왕실 근위병 장교로 남아 있도록 특별한 배려를 해 주었다.

수많은 청소년, 군인 동료, 각계 명사, 나중에는 셀라시에 황제까지 집에서 요양 중인 그를 찾아와 위로하고 격려해 주었다. 아베베는 한동안의 치료 기간이 지난 뒤 특유의 불굴의 투지를 보여 주었다. 하반신은 감각을 잃어 육상은 할 수 없었지만 건강한 상체를 이용해서 휠체어를 타고 활쏘기를 연습했다.

아베베는 맹훈련을 하며 재기를 노렸다. 그러다 드디어 장애인올림픽에 출전했는데 그의 양궁 실력은 마라톤 못지 않게 일급이었다. 1973년 뇌출혈로 세상을 떠나기까지 아베베는 휠체어를 타고 다니며 왕성한 활동을 펼쳤다.

그의 장례식에는 6만 5천여 명이 운집하여 마지막 가는 길의 명복을 빌었다. 맨발로 세계를 제패한 사람답게 그의 이름 아베베는 마라톤의 전설이 되었다.

의족의 스프린터
오스카 피스토리우스

지체—육상—남아공

　1986년 남아프리카공화국에서 태어난 오스카 피스토리우스(Oscar Pistorius)는 선천적으로 종아리뼈가 없었다. 생후 11개월에 두 무릎 아래를 절단하는 대수술을 받은 후 보철 의족을 착용한 피스토리우스는 학창 시절부터 럭비, 테니스, 레슬링 선수 등으로 활약할 정도로 운동을 즐겼다. 하지만 2004년 럭비를 하던 중 심각한 무릎 부상을 입은 후 재활을 위해 육상을 시작했다.

　2004년 아테네장애인올림픽에 출전한 피스토리우스는 200m 육상 금메달, 2008년 베이징장애인올림픽 100m, 200m, 400m 육상을 석권하였다. 피스토리우스는 장애인 육상을 넘어 일반 육상에 도전한다. 2011년 대구세계육상선수권대회에서는 남자 400m 준결승까지 진출했으며, 남자 1600m 계주 예선에 참가해 소속팀이 2위를 함으로써 장애인 선수 최초로 세계선수권대회 메달을 획득하는 기록을 세웠다.

　2012년 마침내 런던올림픽 출전권을 획득해 그의 꿈을 이루었다. 비록 400m 결선에는 오르지 못했고, 1600m 계주 결선에서는 최하위의 성적표를 받았지만 그는 기적의 아이콘으로 세계인들의 박수를 받았다. 올림픽에 출전하기까지 피스토리우스는 많은 어려움이 있었다. 의족이 경기에 미치는 영향에 대하여 논쟁이 벌어졌기 때문이다. 그 모든 장벽을 뛰어넘어, 두 다리의 철제 의족을 그대로 드러낸 채 달리는 피스토리우스의 당당한 모습에 장애인에게는 도전 의식을, 비장애인에게는 감동을 주어 세계적인 스타가 되었다. 그런데 2013년 발렌타인데이 새벽 남아공 자택에서 피스토리우스의 총에 맞아 여자 친구 리바 스틴캠프가 사망했다. 외신은 즉각 이 사건을 다루며 '강도로 오인한 피스토리우스의 실수'로 보도했지만 경찰은 그를 살해혐의로 기소했다.

소아마비 올림픽 육상 3관왕
윌마 루돌프

지체―육상―미국

1940년 테네시에서 태어난 윌마 루돌프(Wilma Glodean Rudolph, 1940~1994)는 미국 여자 육상을 새로 쓴 주인공이다. 1960년 로마올림픽 육상에서 100m, 200m, 400m 계주에서 금메달을 휩쓸며 여자 선수로는 최초로 올림픽 3관왕에 등극했다.

루돌프의 업적이 더욱 빛나는 것은 루돌프가 장애를 극복한 인간 승리의 주역이기 때문이다. 테네시주 세인트 베틀레헴에서 출생한 루돌프는 4세 때 폐렴과 성홍열을 앓고 난 후 소아마비로 11세가 될 때까지 기어서 다녔다. 왼쪽 다리에 보조기를 착용해야만 걸을 수 있었다. 하지만 루돌프는 피나는 노력 끝에 세계에서 가장 빠른 여성으로 등극했다.

루돌프는 가난한 흑인 가정에서 22명의 자녀 중 20번째로 태어났는데 4세 때 폐렴과 성홍열이 겹쳐 왼쪽 다리가 마비됐다. 6세 때부터 보조기를 착용하고 생활하였지만 굳은 의지로 9세에 보조기를 벗어 던졌고, 11세 때 농구를 시작했다. 2년 뒤에는 육상도 병행했다. 결과는 항상 꼴찌였다. 뒤뚱거리며 뛰는 그가 온전한 두 다리로 질주하는 상대들을 이기기란 불가능에 가까웠다.

하지만 루돌프는 좌절하지 않았다. 꾸준한 훈련을 반복한 결과 스피드가 향상됐다. 작은 육상대회에서 1등을 한 후 선수로서의 자신감을 갖게 되고 이런 루돌프를 눈여겨 지켜보던 테네시 주립대의 육상코치 템플이 개인지도를 자청하여 육상 선수로 키웠다. 루돌프는 결국 56년 멜버른올림픽 400m 계주에서 동메달을 따낼 수 있었다. 당시 그의 나이는 16세였다.

그리고 4년 뒤 열린 로마올림픽에서 전무후무한 업적을 세웠다. 3관왕에 등극한 것은 물론 세계신기록 2개, 올림픽신기록 1개를 수립하며 올림픽사에 지워지지 않을 금자탑을 쌓은 것이다.

인간 승리의 표본이 된 루돌프는 1973년에는 '흑인 운동선수 명예의 전당'에, 이듬해는 '전미육상 명예의 전당'에 헌액됐다.

루돌프는 1960년대에 일어난 인권운동에 참여하려고 3년 뒤 은퇴했다. 자신의 명성을 이용해 학교·공원·버스·식당·호텔·작업장에서 백인과 흑인을 차별하는 법에 대항하는 투쟁에 발벗고 나서 수많은 시민들의 존경을 한 몸에 받다가 1994년 암으로 세상을 떠났다.

짧은 다리의 금메달리스트
조아큄 크루즈

지체―육상―브라질

1984년 LA올림픽 육상 800m에서 금메달을 딴 브라질의 조아큄 크루즈 (Joaquim Cruz) 선수는 장애를 극복한 올림픽 영웅이다. 크루즈는 태어날 때부터 오른쪽 다리가 2cm나 짧아 다리를 저는 장애인이다. 그래서 그는 특별히 고안해서 만든 특수 운동화를 신고 뛰었다. 수술로 다리 길이를 늘릴 수도 있었지만 집안 형편이 몹시 어려워 수술은커녕 병원 한 번 가 보지 못하고 자랐다. 학교 수업이 끝나면 구두닦이와 껌팔이를 하며 어린 시절을 보냈던 그가 운동을 시작한 것은 배고픔을 달래기 위해서였다.

처음 시작한 운동은 농구였다. 다니던 초등학교 농구 코트에서 절룩거리며 던진 볼이 링 그물에 출렁거리는 것을 보고 배고픔을 잊곤 했다. 크루즈는 초등학교를 졸업할 무렵부터 달리기를 했는데 이 역시 배고픔 때문이었다. 그는 "운동을 하고 나면 허기가 더 밀려왔지만, 달리는 동안은 배고픔을 느끼지 않아서 계속 달렸다."고 했다.

크루즈의 달리기를 지켜본 학교 체육 교사 올리베이라 씨는 그가 불편한 다리에도 불구하고 훌륭한 육상 선수가 될 수 있다는 판단에서 직접 지도를 하여 정상의 길에 오르게 했다. 올리베이라 씨 밑에서 맹훈련에 들어간 크루즈는 급격히 기록 향상을 보여 17세 때 400m, 800m, 1500m에서 남미 신기록을 세우며 육상 스타로 떠오른 것이다.

LA올림픽에서 금메달을 따고 나서 크루즈는 이렇게 말했다. "내가 첫 번째로 나의 조국 브라질에 금메달을 바치다니 꿈만 같다. 나는 매우 행복하다. 나는 더욱 정진, 꼭 세계기록을 갱신하겠다." 크루즈는 비록 가난하지만 모 방송국이 2만 5천 달러짜리 주택을 제공하겠다는 제의에 "그 돈으로 차라리 육상장이나 건설하라."고 한마디로 정중히 거절했고, 또 "카퍼레이드 따위의 환영은 사양한다."고 해서 인간성을 돋보이게 했다.

메이저리그에서도 통한 조막손 투수
짐 애보트
지체―야구―미국

1988년 미국 최고의 아마 선수에게 수여되는 설리번상을 야구선수로서는 최초로 수상한 짐 애보트(James Anthony Abbott, 1967~)는 1989년 드래프트 1위로 지명돼 캘리포니아 에인절스에 입단했다. 마이너리그를 거치지 않고 바로 메이저리그에서 뛰며 12승을 올렸다. 대다수 신인들이 마이너리그에서 몇 년을 뛰다가 메이저리그로 올라가는 미국에서 바로 메이저리그로 직행하여 10승 이상을 올린 것은 애보트가 처음이다.

애보트는 메이저리그에서 통하지 않을 것이라는 전문가들의 예상을 깨고 계속 승승장구하여 값진 평가를 받고 있다.

당초 코칭스태프의 가장 큰 걱정은 애보트가 투수 앞 땅볼이나 번트에 대한 수비를 어느 정도 해낼 것이냐는 것이었지만 애보트는 다른 어느 투수보다 훌륭한 수비 솜씨를 보여 주었다. 애보트는 "사실 처음 야구를 시작할 때 가장 큰 골칫거리가 수비였다. 그러나 어릴 적부터 집밖 담벽에 공을 튀겨 잡는 연습을 수없이 하며 이를 극복했다."고 하며 그 비결을 소개하였다.

KO승으로 재기에 성공한 의족의 복서
크레이크 보자노프스키

지체—권투—미국

　의족의 복서가 KO승으로 재기해 미국 스포츠 팬들에게 깊은 감동을 주었다. 그 화제의 인물은 크레이크 보자노프스키로 그는 오토바이 사고로 우측 다리를 절단하여 링으로 돌아갈 수 없다는 재기불능의 판정을 받았다. 다리를 다치기 전만 해도 그는 13전 전승 무패를 자랑하는 촉망받는 권투 선수였다.

　그러나 그는 절망을 딛고 의족을 하고 다시 권투에 도전하여 교통사고 후 18개월 만에 의족의 복서로 재기한 것이다. 프로 데뷔 14연승을 올린 그는 "장애인들에게 용기를 줄 수 있게 돼 한없이 기쁘다. 나는 오늘의 승리보다 나 자신과의 싸움에서 이긴 것에 더 큰 의미를 부여하고 싶다."고 말했다.

올림픽 금메달 수영 선수
타마스 다르니

시각–수영–헝가리

1988년 서울올림픽대회에서 헝가리의 수영 선수 타마스 다르니(Tamas Darnyi, 1967~)가 수영 남자 400미터에서 금메달을 땄는데 그는 시각장애인이다. 15세 때 친구가 던진 눈덩이가 왼쪽 눈을 강타한 것이 그에게 실명을 가져다 주었다. 7차례나 수술을 했지만 왼쪽 눈이 움푹 파인 상처가 남아 있다. 다르니는 1992년 바르셀로나올림픽에서도 금메달을 획득하여 2연패를 했다.

그는 악바리 근성, 탁월한 실력, 상대 선수를 존중하면서도 자신감을 잃지 않는 대범함까지 갖춘 진정한 올림픽 챔피언이다.

6세 때 수영을 시작한 다르니는 수영 꿈나무로 성장하고 있었는데 15세 때 눈을 다쳐 수영 인생에 큰 위기를 맞는다. 수영은 눈을 피로하게 하는 운동이어서 수영을 계속하면 오른쪽 눈마저 실명하게 될 것이라며 의사는 수영을 그만두라고 권고하였다. 의사의 진단에 가족들은 물론 수영 코치도 눈을 보호하는 것이 우선이라고 수영을 반대하였지만 다르니는 수영을 포기하지 않았다. 눈을 보호하기 위해 영법을 배영으로 변경하여 훈련에 매진하였다. 그 결과 다르니는 1985년 불가리아 유럽선수권대회 혼영 2개 종목에서 두각을 보이기 시작하더니 1986년 마드리드 세계선수권대회에서 우승하며 서울올림픽 출전권을 따냈다.

1988년 서울올림픽에서 다르니는 금메달을 목에 걸기도 하였지만 배영 200미터에서 터치 패드가 보이지 않아서 터치 미스로 실격을 당하여 시각장애의 아픔을 경험하기도 하였다.

타마스 다르니는 2013년 헝가리수영연맹 선정 명예의 전당에 헌액되어 헝가리가 자랑하는 수영의 영웅임을 보여 주었다.

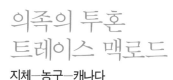

의족의 투혼
트레이스 맥로드

지체―농구―캐나다

의족을 하고도 맹렬하게 코트를 누비는 의지의 농구 선수 트레이스 맥로드는 캐나다 브랜드대학 소속으로 활동하며 뛰어난 농구 실력을 보이고 있다.

맥로드가 장애를 갖게 된 것은 경기 도중 입은 부상 때문이었다. 레이업 슛을 시도한 뒤 착지 과정에서 오른발 골절을 입고 9차례의 접합수술을 받았지만 괴사가 생겨 결국 오른쪽 무릎 아래 다리를 절단하고 의족을 사용하게 되었다. 그러나 그녀는 의족을 하고 코트로 복귀하였다.

타고난 운동신경과 강철 같은 의지로 한 경기에서 20점이나 득점하고 10개 이상의 리바운드를 잡아내는 등 종전에 버금가는 활약을 펼쳤다. 사람들은 그런 맥로드의 활약을 믿기 어려운 기적이라며 맥로드에게서 받은 감동을 말하고 있다.

한쪽 팔의 야구 선수
피트 그레이

지체—야구—미국

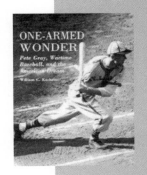

미국 프로야구 메이저리그 역사를 보면 가장 용감한 선수로 뽑혔던 한쪽 팔의 선수가 있다. 1945년 세인트 루이스 브라운스(볼티모어 오리온즈의 전신)의 외야수로 메이저리그 유니폼을 입은 피트 그레이(Pete Gray, 본명 피터 J 위시네) 선수가 그 주인공이다.

그는 10세 때 트럭 사고로 오른쪽 팔을 잃고 왼쪽 팔 하나로 생활하였다. 시골의 빈터에서 동네 야구를 하며 놀았던 그가 25세에 야구 선수로 프로야구팀에 입단하였다. 2년 후인 1944년 마이너리그 멤퍼스 칙스팀의 외야수 선발이 되었는데 그해 타율 3할 3푼 3리의 높은 타율을 기록하여 MVP가 되면서 이듬해 세인트 루이스 브라운스팀에 스카웃이 된다.

그는 입단 첫해부터 놀라운 기량을 보였다. 특히 그해 6월 클리블랜드 인디언스와의 원정 4연전에서 17타수 4안타라는 맹활약을 보여 야구 팬들의 주목을 받았다. 그의 경기를 지켜본 사람들은 그가 한쪽 팔밖에 없다는 사실을 보면서도 믿지 않았다. 외야 뜬 공을 왼쪽 손으로 잡으면 오른쪽 겨드랑이로 글로브를 옮긴 뒤 다시 왼손으로 글러브에 들어 있는 공을 재빨리 꺼내 송구하는 동작을 눈 깜짝할 사이에 완벽하게 처리하기 때문이었다.

그레이는 미국 프로리그에서 통산 218의 타율을 남겼다. 1949년 마이너리그로 돌아와 은퇴하기 전까지 팀을 위하여 최선을 다하였다.

피트 그레이가 사용했던 글러브는 메이저리그 명예의 전당에 보존되어 있고 훗날 그의 야구 인생 이야기가 영화 〈A Winner Never Quits〉로 제작되어 그의 불꽃같은 삶이 전 세계 영화 팬들에게 깊은 감동을 주었다.

참고문헌

『극복의 올림픽』 방귀희, 진영, 1985

『당신이 있어 행복합니다』 방귀희, 연인M&B, 2011

『어때요』 강샘, 대장간, 2014

『장애인문화예술의 이해』 방귀희, 솟대, 2014

『해외저자사전』 교보문고, 2014

『시사상식사전』 21세기북스, 2013

『솟대문학』 통권 25호, 1997

참고사이트

두산백과사전 두피디아 www.doopedia.co.kr

네이버지식백과 www.terms.naver.com

위키백과 한국어판 www.ko.wikipedia.org

문화콘텐츠닷컴 www.culturecontent.com

장애별 분포

	지체	시각	언.청각	지적	중복	기타
정치	5	3	4		1	1
과학	2	4	2			1
사회	8	4	1		1	
예술	19	14	8	3	2	4
대중문화	11	5	6	2		5
체육	17	1	2			1
합계	62	31	23	5	4	12

기타: 정신, 안면, 성, 저신장, 파킨슨, 난독증

국가별 분포

	미국	캐나다	독일	프랑스	영국	일본	중국	그리스	러시아	스웨덴	스코틀랜드	스페인	기타
정치	3	1	2		2		3	1		1			티무르
과학	2			2	2			1	1				인도
사회	4	1	1	1		1	3	1			1		호주
예술	11	1	4	5	9	1	4	2	1	1	2	2	*
대중문화	21	1		2	4								스페인
체육	12	1											**
합계	53	5	7	10	17	2	10	5	2	2	3	2	

* 예술: 오스트리아, 체코, 네덜란드, 이탈리아, 터키, 루마니아, 멕시코
** 체육: 브라질 2, 뉴질랜드, 헝가리 2, 필리핀, 이디오피아, 남아공